KB054020

대한민국은
왜 무너지는가

대한민국은 왜 무너지는가

정병석 지음

특권과 반칙 극복할 돌파구,
신뢰와 법치에 대하여

매일경제신문사

들어가며

대한민국은 과연 선진국인가?

'선진 사회'는 효율적인 국가 운영 시스템을 갖추고 있고 그 시스템이 제대로 작동되는 사회이다. 효율적인 국가 시스템은 주로 법체계로 구성되고 사회 규범으로 보완되는데, 선진 사회에서는 법체계에 의한 법치가 이루어지고 사회 규범이 존중되며 신뢰가 형성되어 있다. 정리해 보면, 법체계에 의해 사회를 규율하는 것이 법치이며, 법치는 서로 규범을 준수하며 신뢰해야 제대로 실현된다.

신뢰가 형성되지 않고 법치가 실현되지 않으면 아무리 좋은 법제도 시스템도 제대로 작동하지 않는다. 시스템이 제대로 작동하지 않는 사회에서는 법질서가 지켜지지 않고 개인 간 신뢰가 쌓이지 않는다. 결과적으로 '불신'은 시장경제에서 거래비용을 높이고 효율성을 저해하며 갈등을 야기한다. 우리가 추구하는 자유 민주주의와 시장경제 체제를 제대로 구현하기 어려워진다. 그런데 우리는 현재 법치와 신뢰, 두 영역에서 크게 미흡하며 그것이 지속적인 국가 발전과 사회 안정에 걸림돌이 되는 상황에 처해 있다.

이렇게 보면, "대한민국은 선진국이다"라고 자신 있게 말하기 어렵다. 민주주의가 정착되었다는 평가에도 불구하고 최근 들어 법치의 훼손, 민주주의의 위기를 지적하는 목소리가 높아지고 있다. 현행 헌법이 엄존하는 상황에서 헌법에 보장된 국민의 표현의 자유와 양심의 자유를 침해하거나 기업 경영에 과도한 규제와 개입, 재산권 행사에 대한 제약 등을 규정하는 입법이 늘어나고 있다는 비판이 일고 있다.

대한민국은 정부와 국민이 합심해 세계 10위권 경제 대국으로 성장했고 국민의 힘으로 정치 민주화를 달성했다. 과거 선진국들이 수백 년에 걸쳐 이룩한 경제 성장과 민주화를 단기간에 달성해 수많은 개발도상국의 모범이 되었다. 그런데 이후 심각한 정치·사회 갈등과 양극화, 급속한 고령화 속에서 성장이 정체되며 여러 부문이 위기를 맞고 있다. 최근 우리 사회에서 부각되는 국민의 분열과 진영 싸움, 거짓과 가짜 정보의 범람, 불신과 혐오, 사회 양극화 등 갈등과 위기의 양상을 보면 선진국의 품격을 말하기 어려운 상황이다.

진정한 선진 민주국가 대열에 진입하려면 경제 성장에 발맞춰 정치와 사회문화가 함께 선진화되어야 한다. 그러나 대한민국은 각 부문이 균형적으로 발전하지 못함으로써 경제와 사회문화의 괴리가 커졌고, 이제는 뒤처진 정치와 사회문화가 법치와 민주주의를 위협하며 지속적인 경제 성장과 국가 발전을 저해하는 단계에 이르렀다.

필자는 10여 년 전부터 국가의 흥망성쇠와 제도의 관계에 관심을 갖고 제도학파 성장이론을 연구하면서 한양대에서 제도와 경제 성장, 국가 발전의 문제를 강의해왔다. 30여 년의 공직생활을 통해 법 제도를 만들고 운영한 경험 덕분에 국가 운영 시스템, '제도'의 중요성을 체감할 수 있었다. 2016년《조선은 왜 무너졌는가》를 출간하면서 제도학파 모델을 적용해 폐쇄적이고 착취적인 조선의 제도가 조선 쇠망의 핵심 요인이라는 것을 지적했다.

이번에 출간하는 이 책은 일종의 후속 작업으로서, 공식적인 법 제도보다 의식과 가치관, 신뢰, 규범 등의 비공식적인 제도, 즉 '사회문화' 요인에 집중해 분석했다. 또 한편으로는 조선의 성리학과 사농공상 윤리, 양반 사대부 지배 계층의 행태 등이 현대 문화에 미친 영향에 대해서도 분석했다.

현재 우리가 느끼는 한국의 정치·경제사회의 위기감은 법 제도뿐 아니라 국민의 가치관, 의식, 신뢰 등 이른바 '사회적 자본', 사회문화 측면에서 비롯되었고 심화되었다. 우리 사회에 확산되는 분노와 혐오, 세대 갈등, 진영 간 편 가르기, 거짓말, 소통을 기피하고 관용이 사라진 세태, 타인의 고통 외면 등 현상이 바로 저신뢰 사회를 특징짓는 사회 현상이라는 데에 주목해야 할 것이다.

사회문화의 다양한 영역에서도 특히 신뢰와 법치, 두 부문에 초점을 맞춰 왜 우리나라는 신뢰와 법치가 미흡한지 그 배경과 원인을 살피고, 앞으로 추진할 과제를 논의하고자 한다. 국내외에 걸쳐 다양한 사례를 소개하며, 품격 있는 선진 사회문화의 조성과 사회공동체 형성을 위해 사회 지도층이 해야 할 역할을 집중적으로 논의할 것이다.

신뢰와 법치의 바탕을 이루는 사회문화의 문제, 규범과 가치의 문제는 공식적인 정부 기구보다 민간 부문에서 주도해 쇄신하는 분위기를 만들어가는 것이 더 효율적일 것이다. 이런 문제는 학자, 종교인, 언론인, 전문직 등 지식과 경험을 갖춘 사회 지도층들이 용기 있게 나서야 할 영역이다. 위기 상황에서는 지식인들이 지속적으로 문제를 제기하고 사람들을 설득해 앞장서서 사회문화를 선도하는 것이 중요하다.

지금이 바로 사회 지도층과 시민이 나서야 할 때다. 역사적으로 영국, 독일, 프랑스, 미국과 일본 등 선진국의 지식인들은 어떤 시기에 문제를 자각하면 곧바로 자기희생을 무릅쓰고 그 시대에 필요한 역할을 해냈다. 최근 우리 사회의 지도층 인사들은 분노와 갈등의 격랑에서 몸을 사리거나 용기를 내지 못하고 무관심 또는 무소신으로 처신하는 경우도 있었다. 역사적으로 중요한 시기에 지식인이 지속적으로 문제를 제기하고 국민을 설득해 사회문화를 계도한 것이 선진 사회의 경험이다. 대한민국 역시 사회 지도층이 시대적 소명에 걸맞은 역할을 해내고 일반 시민들도 적극적으로 참여해야 할 때라고 생각한다.

이 책은 우리에게 맞는 고품격 사회문화를 확립하기 위한 캠페인을 촉진하기 위한 목적도 있으므로, 필자는 다양한 계층이 이해하며 참여하면 좋겠다는 희망을 갖고 있다. 사회 지도층과 청년, 학생, 일반 시민이 공감하고 이해할 수 있도록 쉽게 쓰려 노력했다. 다양한 경로로 책이 많이 알려지고, 교수와 종교인, 문화예술인, 정치인, 기업인, 노사지도자 등 사회 지도층이 널리 참여하는 공동체와 포럼의 형성도 기대한다. 종교와 사회단체, 기업, 학교 등을 통해 캠페인을 추진하고 사회 교육을 위한 교재로 활용되어도 좋겠다.

이 책을 구상하고 집필편집하는 과정에서 많은 분들의 도움을 받았다. 서재경 아름다운서당 이사장, 이진순 교수와 송하중 교수는 4년 전 이 책의 기획 단계에서부터 함께 논의하며 사회 지도층의 역할에 관해서도 많은 의견을 제시한 분들이다. 김대환 교수(전 노동부장관, 전 노사정위원장)는 초안을 읽고 많은 제언으로 훨씬 논리적인 체계를 세워주었고, 어수봉, 윤기설, 노민기, 이원덕, 이우영 기타 일일이 언급하지 않은 여러 전문가들도 많은 의견을 제시해주었다. 그럼에도 불구하고 부족한 점이 있다면 그것은 온전히 필자의 몫이다.

정 병 석

CONTENTS

1 대한민국의 품격을 논하다

거짓과 혐오의 시대   16

진실과 거짓의 혼동, 분열의 정치 | 전체주의의 출현을 경계하라 | 경제는 선진국 수준, 사회문화는? | 역동적인 한국인의 품성과 강점

역행하는 사회문화   41

공정한 게임의 룰, 제도에 관하여 | 성장 정체와 민주주의의 위기 | 국가를 쇠퇴의 길로 내몬 사회문화 | 조선시대 도덕정치와 오늘날의 편 가르기 | 법치의 기반, 신뢰 사회

2 신뢰가 무너진 대한민국

3 법치가 무너진 대한민국

4 무너진 신뢰와 법치의 회복을 위하여

1

대한민국의 품격을 논하다

거짓과
혐오의 시대

진실과 거짓의 혼동, 분열의 정치

조지 오웰의 소설 《1984》에는 빅 브라더가 통치하는 오세아니아라는 전제국가에서 벌어지는 일이 오싹할 정도로 섬세하게 그려져 있다. 이 국가에는 '진실부Ministy of Truth'라는 정부 부처가 있다. '진실부'는 그 명칭이 풍기는 느낌과는 정반대로 전제통치에 필요한 정보를 통제·조작하는 업무를 담당한다. 주인공 윈스턴 스미스가 근무하는 진실부 기록국은 각종 신문과 잡지, 서적의 기록에서 당과 빅 브라더의 과거 언행을 일일이 수집한 뒤 나중에 잘못으로 드러난 부분이 있으면 이를 소급해 수정하고 변조해두는 일을 한다. 이는 '진실'의 이름으로 조작된 거짓 정보를 제공해 빅 브라더에게는 일체의 오류가 없다고 국민을 세뇌시키고 국민들이 진실을 알 수 없도록 통제하는 임무를 수행하는 것이었다.

2017년, 트럼프의 대통령 취임 직후 미국에서 《1984》가 폭발적으로 판매되었다.[•] 무엇 때문에 1949년에 출판된 책이 70년 가까이 지나 새삼스레 사람들의 엄청난 관심을 끌게 되었을까? 트럼프 대통령은 거짓말을 남발하고 '내 생각과 다른 말은 가짜뉴스, 나와 다른 말을 하는 언론은 가짜언론'이라 매도하는, 상대 정당과 경쟁자를 적으로 규정하는 인물이라는 평가를 받고 있다.

미국에는 대통령이 나서서 거짓말과 가짜뉴스, 우리 편 아니면 적이라는 프레임으로 국가를 통치하는 트럼프의 정치를 보며 조지 오웰의 빅 브라더가 등장한 것처럼 느끼는 미국인이 많았다. 거짓말과 가짜뉴스, 상대방에 대한 증오, 확증편향 등이 판치는 현대 사회가 오래 전 조지 오웰이 묘사한 작품 세계와 너무도 흡사해 《1984》가 각광받게 된 것이다. 〈워싱턴포스트〉는 트럼프 언행의 진실 여부를 확인하기 위해 '사실 점검팀'을 운영했고, 2020년 7월 9일까지 취임 1,267일 동안 트럼프 대통령이 2만 건이 넘는 거짓 또는 오도할 소지가 있는 주장을 했다고 보도했다.[••] 역대 어떤 대통령과도 비교할 수 없는 통계다. 그런데도 열혈 지지자들

● 민음사에서 2003년에 출간된 《1984》 한국어판을 따른다. 이 한국어판에는 'Ministy of Truth'가 '진리부'로 번역되어 있으나 가짜와 대비된다는 의미에서 '진실부'로 번역하는 것이 이 글의 취지에 더 맞다고 판단했다.

●● 〈President Trump has made more than 20,000 false or misleading claims〉, 워싱턴포스트, 2020. 7. 28.

은 트럼프에게 열광하며 응원한다.

트럼프의 거짓말과 언론 비판 등이 반복되며 상례화하자 이제는 다른 정치인들도 점점 대담해져 과거보다 훨씬 뻔뻔하게 거짓말을 하게 되었다. 미국 국민들은 점점 이에 익숙해지며 정치인의 거짓말 등 일탈에 대한 판단 기준을 하향 조정하고 있다.[•] 과거 같으면 엄청난 파장을 초래했을 거짓말이 트럼프 기준에서는 별 문제가 되지 않는다는 것이다. 세계에 민주주의 모범을 세우며 이를 널리 전파해 왔던 미국에서 나타난 대통령의 이런 행태가 다른 나라에도 파급되어 유사한 정치 지도자가 등장하고 있다는 우려가 높다.

이런 사회 현상을 초래한 원인과 그 영향에 대해 전문가들이 다각적으로 분석하고 있다. 퓰리처상을 수상한 〈뉴욕 타임스〉의 문화비평가 미치코 가쿠타니는 2018년, 《진실의 죽음: 트럼프 시대의 거짓에 대한 메모》를 출간했다. 책 제목에서부터 알 수 있듯이 트럼프의 거짓말을 주제로 삼고 있다.[••] 왜 진실이 사라지고 거짓말이 횡행하는 불신의 사회가 되었을까? 가쿠타니는 여러 요인이 있겠지만 포스트모더니즘Postmodernism이 끼친 영향이 매우 중요하다고 강조한다. 20세기 후반에 등장한 서양의 사회·문화·철학·예술에서의 주된 흐름을 일컫는다. 포스트모더니즘은 이성 중심

[•] 스티븐 레비츠키 외, 박세연 옮김, 《어떻게 민주주의는 무너지는가》(어크로스, 2019), pp.251-252.

[••] 원제는 'The Death of Truth: Notes on Falsehood in the Age of Trump'다. 미치코 가쿠타니, 김영선 옮김, 《진실 따위는 중요하지 않다: 거짓과 혐오는 어떻게 일상이 되었나》(돌베개, 2019).

의 모더니즘에 대해 강한 회의를 제기하는 사상을 총칭한다. 모더니즘은 인간이 가진 '이성의 빛'으로 '무지의 어둠'을 밝히자는 계몽주의의 영향을 받아 오랜 기간 서양 사상을 지배했었다.

포스트모더니즘의 포스트Post는 '후기'라는 의미도 있지만 '탈脫' 모던, '탈' 이성 관점, 즉 '이성 중심에서 벗어나자'는 의미가 더 크다. 제2차 세계대전과 베트남 전쟁, 1960년대 여성운동, 학생운동, 흑인 인권운동과 구조주의 물결 이후 일어난 해체주의Deconstruction의 영향을 받은 탈 중심적 다원적 사고와 탈 이성적 사고가 가장 큰 특징이다.●

포스트모더니즘이 강조하는 상대주의라는 관점에서 보면 누구에게나 통용되고 인정되는 보편적 진실이란 없고 각자 개인 관점에서의 작은 진실이 있을 뿐이다. 사람들은 그동안 확립되어 왔던 전통과 제도에 신뢰를 잃으며 자기중심적 가치관을 형성하게 됐다. 다른 의견에 이성보다는 감성으로 대응하고 증거를 신중히 검토하기 싫어하는 경향을 보인다. 정치 영역에서는 자기 당파의 입장만을 중요시하고 다른 당파는 적으로 취급하는 경향을 보인다.

미치코 가쿠타니는 포스트모더니즘이라는 사상적 풍조에 자기 편향적 사고를 확산시키는 디지털 플랫폼 환경이 결합해 지금의 사회를 만들어냈다고 분석한다. 디지털 플랫폼에서 작동하는 '내가 선호하고 원하는 사실만을 보여주는 알고리즘'은 편향된 사고

● 위키피디아, '포스트모더니즘', 2020. 3. 12.

에 더욱 확신을 가지며 진실을 얼버무릴 수 있게 만든다.

이런 환경에서 트럼프는 주요 이슈에 대해 자기 입장에서 편향적으로 해석하고 단순화하며 사람들이 기억하고 이해하기 쉽도록 '가짜뉴스', '가짜언론', '미국을 위대하게' 등 단순한 용어로 사람들의 감성에 호소하는 메시지를 선동적으로 반복했다. 또 트위터, 페이스북 등 SNS 디지털 도구를 최대한 활용하여 확증편향을 강화하며 자기 주장을 확산시켰다. 결과적으로 그는 '열광적인 지지자'와 '혐오하는 반대자'로 사회를 분열시키고 신뢰를 약화시킨다는 지적을 받았다.

트럼프는 2020년 재선에는 실패했지만 유권자 7,422만 명 이상의 지지를 받았다.[*] '2020년에도 미국의 투표자 46.9퍼센트가 트럼프를 지지했다'는 것은 매우 중요한 의미가 있다. 4년 전 정치 신인이었던 때와 달리 트럼프의 약점과 과오가 다 알려진 상황에서도 여전히 수많은 미국인들이 그에게 열광하며 지지한 것을 어떻게 해석해야 할까?

2016년 트럼프의 등장은 '두 개의 미국'으로 불리는 미국 사회의 정치적 분단, 계층 간 양극화 등 분열과 갈등이 심화된 미국이 스스로 초래한 결과라고 해석된다. 양극화와 분열, 중하층 미국인의 분노와 좌절에 기득권층이 전혀 해결책을 제시하지 못한 가운

---

* 2020년 대선은 투표 열기가 뜨거웠다. 2016년에 비해 훨씬 많은 유권자가 투표했다. 트럼프는 패배했지만 2016년의 6,298만 표보다 1,100만 표 이상 늘어난 표를 받았다.

데 트럼프가 기존 정치인과 직업관료, 보수언론 등을 정면 비판하자 중하층 미국인들이 공감하며 카타르시스를 느낄 수 있었기 때문에 그런 지지를 받을 수 있었다.

캘리포니아주립대 빅터 데이비스 핸슨 교수는 《미국은 왜 아웃사이더 트럼프를 선택했는가The Case for Trump》에서 많은 미국인들이 트럼프에 환호하는 이유를 자세히 분석하고 있다. 기존의 국세청, 정보기관, 사법부 등의 관료집단이 서로 엮여 단단한 기득권층을 형성하고 그들의 기득권을 지키는 과정에서 양극화, 분열 등 미국의 문제를 야기했다고 비판한다. 트럼프는 이런 집단을 '딥 스테이트Deep state'라고 규정하며 이들이 문제의 원흉이라고 성토했다. 핸슨 교수는 이들 기득권 집단에 대한 미국인들의 반감이 정치 신인 트럼프 지지의 원동력이라 분석했다.•

한때 미국 제조업의 중추를 이루며 제조업 근로자를 중산층으로 끌어 올려 아메리칸 드림을 형성했던 미국 중부 지역, 이른바 러스트 벨트가 트럼프 지지자들의 주 무대이다. 트럼프는 소외된 백인 중하층민들을 '우리 농부, 우리 근로자, 우리 광부들'이라고 부르며 '애정'을 표시했다. 또한 "썩은 물이 고인 늪을 대청소하겠다" 말하며 쇄신을 약속해 지지자들이 환호했다. 반면에 민주당의 대선 후보 힐러리 클린턴은 2016년 선거 과정에서 트럼프 지지자들을 '한심한 종자들Deplorables'이라고 표현하며 폄하하고 무시하는

● 빅터 데이비스 핸슨, 홍지수 옮김, 《미국은 왜 아웃사이더 트럼프를 선택했는가》(김앤김북스, 2020).

실책을 저질렀다고 핸슨 교수는 비판했다. 이런 트럼프식 정치는 '트럼프주의Trumpism'라고 불릴 정도로 미국 정치사에 기록될 특별한 사건이 되었다.

한편 지난 2016년 미국 대통령 선거에서는 러시아가 조정한 '인터넷 트롤Internet troll', '봇Bot'등 사이버 도구가 큰 역할을 한 것으로 알려져 있다. 트롤이나 봇은 보안이 취약한 컴퓨터에 침입해 보이지 않는 곳에서 작동하면서 컴퓨터 사용자도 모르게 시스템에 명령을 내리는 원거리 해킹 도구이다. 이러한 사이버 도구들은 고의적으로 논쟁거리나 엉뚱하거나 주제에서 벗어난 내용, 또 공격적이거나 불쾌한 정보를 인터넷에 올려 사람들의 감정적인 분노를 유발하고 가짜 뉴스, 조작된 정보를 유포하여 진실을 왜곡한다.[•] 결국 진짜와 가짜를 혼동하게 한다. 이런 사이버 공격에 대해서는 뒤에서 다시 논의하겠다.

전체주의의 출현을 경계하라

트럼프로 인해 크게 부각된 이러한 사회현상은 미국만의 문제가 아니라 세계 여러 나라의 흐름이 되었고, 그것이 민주주의의 위기를 초래한다는 데에 문제의 심각성이 있다. 서로 신뢰하지 못

● 위키백과, '인터넷 트롤', '봇', 2020. 3. 12.

하고 내 편, 네 편으로 갈라 상대방을 적대시하며, 거짓말을 아무렇지 않게 되풀이하고 진실을 왜곡하는 상황에서는 오래 확립되어 왔던 법 제도나 규범도 지켜지지 않아 민주주의는 위기를 맞게 된다. 많은 지식인들이 그 결과로 개인의 자유와 권리가 위협받게 되었다고 걱정한다.

전체주의 전문가 한나 아렌트도 트럼프 대통령의 등장과 함께 다시 주목받았다. 한나 아렌트는 1951년 《전체주의의 기원》이라는 저서를 출간했는데, 이 책은 히틀러와 스탈린의 전체주의 체제 형성 과정과 특징을 분석하면서 민주주의 국가에도 전체주의가 출현할 수 있음을 경고한 고전적 명저다. 트럼프의 등장으로 민주주의의 위기가 논의되고 전체주의 출현에 대한 우려가 높아지며 다시 그의 이론이 주목받게 된 셈이다. 그만큼 최근의 변화는 우리의 정치 사회에 심각한 위협이 되었다는 의미이다.

미국의 전 국무장관 메들린 올브라이트는 2019년 《파시즘Fascism: A Warning》이라는 책을 통해 트럼프의 등장은 민주주의의 위기라고 지적하며 파시즘 우려를 알리는 심각한 경고를 전했다. 올브라이트는 빌 클린턴 정부에서 여성으로서는 처음으로 국무장관을 역임해 수많은 국가의 지도자들을 만나 토론하고 협상했다. 또한 대학에서 오래 강의하며 얻은 생생한 경험과 통찰력을 바탕으로 파시즘에 대한 우려를 제기했다. 그것도 21세기가 한참 경과하고 있는 시점에서 파시즘 문제를 다시 얘기하고 있는 것이다.

올브라이트는 출간 전에 '파시즘'에 대한 책을 집필하고 있다고 친구에게 얘기했더니 그 친구가 '패션'에 관한 책을 쓰냐고 반문하더라는 일화를 소개했다. 그만큼 파시즘이라는 용어는 21세기 현대인의 일상 대화에는 존재하지 않는 구시대 어휘가 되었다는 의미이다. 그런데 파시즘은 특정한 이데올로기가 아니라 '권력을 쟁취하고 유지하려는 수단'이기 때문에 언제 어디에서나 가능하다는 주장이다.

그가 특히 강조한 것은 "파시즘은 권위주의적 통치의 극단적인 형태이며 그래서 과거 아닌 지금도 세계 어디서나 가능한 현실"이라는 점이다. 국가의 지도자가 민주주의 제도와 원칙을 경시하고 파시스트와 같은 행동 전략과 수단을 채택한다면 어디에서나 파시즘이 나타날 수 있다고 지적한다. 파시즘은 갑자기 화려하게 등장하는 것이 아니라 조금씩 우리가 인식하지 못하는 사이에 침입하며, 우리가 그것을 알아챘을 때는 이미 때가 늦을 수 있다고 경고한다. 처음의 작은 공격에 큰 반발이 없으면 더 큰 두 번째 공격이 오는데, 두 번째 공격은 더 쉽고 반대 목소리는 점점 묻혀버리고 공격을 비판하는 사람들에 대해서 세상은 오히려 "실상을 과장한다, 거짓말 한다"고 오해하는 사례가 많다고 주의를 촉구했다.●

전체주의 국가에서 독재자가 국민들로 하여금 진실과 거짓을 혼동하게 하는 데는 정보에 대한 통제와 조작, 차단이 가능하기 때문이다. 1930년대에는 언론과 라디오를 통제하면 되었고 현대

● 매들린 올브라이트, 타일러 라쉬 외 옮김, 《파시즘》(인간희극, 2018).

에는 인터넷 통제와 사이버 조작이 더 유효한 수단이 되었다. 디지털 시대에는 직접 모임을 갖지 않아도 인터넷을 통해 동조자나 회원을 모집하거나 자신들의 메시지 전파가 가능하다. 온라인 커뮤니티가 만들어지면 군중심리가 작동하고 이들과 다른 의견은 적대적이라고 배척하게 된다.

파시즘 연구의 세계적인 권위자인 로버트 팩스턴 교수는 2004년에 출간한 《파시즘The Anatomy Of Fascism》에서 히틀러, 무솔리니, 스탈린 등 세계 각국의 파시즘 생성과정과 특징을 세밀히 분석했다. 그 결과 파시즘은 대중의 분노, 불만 감정을 이용하여 일부 군중의 지지를 얻은 민족주의 과격파 정당이 개인의 자유를 희생하며 윤리적·법적 제약 없이 폭력을 행사해 권력을 장악하는 정치 행태라고 규정했다. 팩스턴은 독일에서 1차 세계대전의 패배와 베르사유 조약으로 인한 민족적 모멸감이 축적된 가운데 세계 대공황, 러시아 혁명을 거치며 독일 국민에게 극심한 분노, 증오와 사회주의에 대한 불안감이 팽배했던 것이 파시즘 태동의 배경이었다고 지적했다.

히틀러를 비롯한 파시스트들은 대중의 불만과 분노를 이용하여 그들의 증오를 선동하고 이를 결집시키기 위해 '악마화된 적'을 만들어 냈다. 파시스트가 찾아낸 '적'에는 유대인뿐만 아니라 슬라브인, 집시 같은 외국인도 포함되며 국내의 전염병 보균자, 유전적 열성 요인이나, 범죄 성향을 지닌 자도 해당된다. 파시스트들은 이런 공공의 적을 내세우며 역사를 선과 악, 순수와 타락의 싸움으로 규정했다. 이들은 적이 초래할 테러의 공포를 확산시키며 결국 강력한 지도자에게 의지해야 이에 대처할 수 있다는 여론을 조성했다.[*] 한나 아렌트에 의하면 전체주의 운동의 가장 뚜렷한 특징은 '개인 성원에게 국가지도자에 대한 총체적이고 무제한적이며 무조건적이고 변치 않는 충성을 요구하는 것'이다.

전체주의가 등장하는 데 가장 중요한 토양을 이루는 것은 '광범위한 규모의 고립된 군중이 존재한다는 것'이다. 여기에서는 한나 아렌트가 집중 조명한 '군중Mob'이라는 개념이 중요하다. 군중이란 대규모의 무질서한 대중을 의미하는데, 특히 폭동이나 파괴적 행위에 참여하는 대중을 지칭하는 개념이다.[**] 한나 아렌트는 사실과 허구의 구분, 진실과 거짓의 구분을 더 이상 중요시하지 않는 사람들이 전체주의 정치의 가장 이상적인 대상이라고 지적했다. 아렌트의 군중은 고도로 원자화된 사회분열에서 발생했고 이들의 주요 특징은 '고립'과 '정상적인 사회관계의 결여'다. 사람들로 하여금 가짜뉴스에 민감하게 만든 것은 세상 어디에도 소속되지 않고 고립되어 있다는 외로움이었다. 외로움에서 절망과 증오가 파생된다.

이 논의를 살필 때 사회심리학에서 발달한 '군중심리Mob Mentality'

● 로버트 O. 팩스턴, 손명희 외 옮김, 《파시즘》(교양인, 2005).

●● 이진우, 박미애 등 일부 학자는 '군중'을 '폭민'이라는 용어로 번역하고 있다. 폭민은 '폭동을 일으킨 민중'을 의미하는데 너무 강한 어휘이며 자주 사용하지 않는 용어라 생각하여 여기에서는 '군중'이라는 용어를 사용한다.

개념이 유용하다. 군중심리란 개인 수준에서는 잘 발견되지 않지만 많은 사람들이 한꺼번에 상호작용할 때 나타나는 독특한 심리적 현상을 말한다. 19세기 프랑스 의사이며 철학자인 구스타브 르봉에서 비롯되어 여러 학자들이 정립하여 발전시킨 이론이다. 심리학자들은 개인들이 군중 속에 있으면 대개 다음과 같은 네 가지 성향을 갖는다고 주장한다.

1 군중 속의 개인들은 자기 자신에 대한 생각이나 감각을 잃어버리고, 타인과 구별되는 자신만의 특징을 인식하지 못한다.
2 군중 속의 개인들은 옳지 않은 행동을 하면서도 그것에 대해 도덕적이거나 법적인 책임감을 갖지 않고 그것을 스스로 멈추거나 통제할 수 있는 내적 능력이 없다.
3 군중 속의 개인들이 옳지 않은 행동을 하는 이유는 그들이 단지 그때그때의 욕구·충동·감정에 이끌리기 때문이다.
4 군중 속의 개인들은 상황과 분위기, 단순 선동, 자극적인 사건, 옆 사람의 행동과 감정에 크게 영향을 받는다.

이러한 군중심리는 대규모 시위나 운동경기 등에서 잘 나타나는데 최근에는 인터넷 공간에서도 이와 유사한 행태가 빈번하여 관심의 대상이 되었다. 인터넷과 같이 익명성이 보장되는 경우 개인들은 더욱 개성을 잃고 과격해지는 경향이 있고, 다른 사람의 의견에 쉽게 동조하고, 자기와 다른 의견을 가진 사람을 적대시하는 경향이 있다. 군중심리가 인터넷 공간에서 더 쉽게 표출되는 것이다.

사회심리학에서도 다른 사람들과 함께 있는 개인들은 평상시와 다른 선택 또는 잔혹한 행위를 하는 경우가 있다는 사실을 실험을 통해 밝혀냈다. 이와 관련해 특히 밀그램과 애쉬의 실험이 유명하다. 예일대 심리학 교수 스탠리 밀그램은 특별한 상황이 생기면 아무리 이성적인 사람이라도 윤리적·도덕적인 규칙을 무시하고 타인의 명령에 따라 잔혹한 행위를 저지를 수 있다고 입증했다. 폴란드의 심리학자 솔로몬 애쉬는 여러 사람이 오답을 정답이라고 말하면 정답을 알고 있는 사람조차 대다수가 정답이라고 주장하는 것을 따라가는 경향이 있다는 것을 증명했다. 즉 인간의 본성은 상황의 지배를 받으며 다른 사람과 비슷해지려는 경향이 있다는 것이다.

아돌프 아이히만은 나치 친위대 정보부의 실무책임자로서 수백만 유대인을 폴란드 수용소로 보내 학살당하게 만든 책임자이다. 그는 공개재판 중, "나는 상부의 지시에 충실히 따랐을 뿐 한 사람도 직접 죽이지 않아 죄가 없다"고 항변했다. 아렌트는 스스로 생각할 능력이 없는 개인이 흉악한 범죄를 죄의식 없이 저지르는 행위를 '악의 평범성The Banality of Evil'이라는 개념으로 설명했다. "그가 유죄인 명백한 이유는 아무 생각이 없었고, 바보였기 때문이다. 그는 다만 스스로 생각하기를 포기했을 뿐이다."*

한나 아렌트는 자신의 전체주의 이론을 직접 검증하기 위해

이스라엘에서 진행된 아이히만의 재판을 참관했다. 5개월 재판 중 6주간 이 재판 과정을 지켜보며 악의 평범성 때문에 스스로 생각할 능력이 없는 사람은 누구나 같은 범죄를 저지를 수 있다고 지적했다. 이를 저지하려면 사람들이 스스로 생각하게 만들어야 한다는 것이 아렌트식 해법이다. 지식인들이 해야 할 일은 '사람들이 고립감을 느끼지 않게 하고 스스로 생각하게 만드는 것'이다.

최근 들어 '민주주의의 위기 혹은 후퇴' 지적이 늘어나고 있다. 하버드대 정치학 교수 레비츠키와 지블랫은 《어떻게 민주주의는 무너지는가》를 출판해 미국을 비롯한 많은 나라의 민주주의가 무너져가고 있음을 심각하게 지적했다. 그들은 미국 민주주의 위기의 원인으로 헌법 같은 제도가 잘못된 탓이라 하지 않았다. 오히려 헌법에는 명시되어 있지 않지만 오랜 기간 사회에서 존중되며 정착되어 왔던 두 가지 사회 규범이 무너진 것을 핵심이라고 분석한다.

그 두 가지 규범이란 첫째로는 집권 정당이 상대 정당을 적이 아닌 정당한 경쟁자로 인정하는 상호 관용의 규범, 둘째로는 집권 정당이 제도적인 권한을 행사할 때도 절제해서 행사한다는 절제의 규범을 말한다. 이러한 관용과 절제의 규범은 헌법에 명시된 규정은 아니지만 오랫동안 미국에서 견제와 균형을 이루는 핵심 규범으로 존중되어 왔다. 레비츠키와 지블랫 교수는 미국 1세대

<hr>

● 위키백과, '아돌프 아이히만'에서 재인용, 2020. 11. 4.

정치지도자들이 위대한 점은 완벽한 제도를 설계한 데에 있지 않고 그 제도가 실질적으로 작동하도록 적절한 관행과 신뢰를 구축했다는 데에 있다고 보았다. 그러한 관행과 신뢰가 규범으로 정착되어 미국 민주주의 전통이 형성되었다는 것이다.

그런데 최근 들어 정당들이 더 이상 이런 규범에서 찾지 않게 되었고, 이것이 미국 민주주의에 위기를 불러 왔다는 분석이다. 민주주의의 위기 원인을 헌법의 위반 같은 법 제도에 중점을 두지 않고 법 제도 밖에 존재하는 사회 규범, 즉 정치문화에서 찾은 것이 특출한 관점이라 생각된다. 규범Norms이란 법 규정 같이 성문화되지 않아 다소 추상적이긴 하지만 사회에서 구성원들에 의해 수용되고 존중되어 지켜지는 공동의 행동 규범이며 이를 위반하는 것은 신뢰를 저버린 것으로서 사회 구성원들에게서 강력한 비난의 대상이 된다. 이것이 규범의 효력이다.

레비츠키와 지블랫은 특정 정치지도자가 민주주의를 수호할 것인지 아니면 독재자로 변질될 것인지를 감별하는 네 가지 기준을 정립했다.

1 정치지도자의 말과 행동에서 헌법 등 민주주의 규범을 거부하거나 규범준수에 대한 의지가 부족한지 여부
2 정치경쟁자를 적으로 규정하거나 상대 정당을 범죄 집단으로 매도하는 등 상대를 부정하는 자세
3 폭력의 묵인이나 조장

4 정치경쟁자에 대한 명예훼손과 비방, 집회금지나 언론의 탄압 등 기본권을 억압하려는 성향

  이러한 기준에 하나라도 해당되는 정치지도자는 주의 깊게 관찰해야 한다고 시민의 주의를 촉구하였는데 트럼프 대통령은 이 기준을 모두 충족시킨다고 보았다. 우리나라 정치지도자에 대해서도 적용해 보면 어떤 결과가 나올까?

  미국의 석학 재레드 다이아몬드도 최근 저서 《대변동》에서 상대방을 적대시하는 문화, 신뢰 약화에서 비롯된 정치 양극화를 현재의 미국이 직면한 가장 위험한 문제라고 지적한다. 궁극적으로는 서로 신뢰하지 못하고 타협하지 않는 문화가 정치적 갈등의 심화와 위기를 초래했다는 것이다. 앞으로 미국이 긍정적인 미래로 나아갈 것이라는 전망을 가능하게 하는 지표가 많이 있지만 부정적인 요인도 있다고 분석한다. 즉, "위기에 대한 합의가 없고, 자신의 책임을 인정하지 않고 다른 쪽을 탓하는 습관, 문제를 바로잡으려 노력하지 않고 자기보호에 급급한 태도, 다른 국가로부터 배우려 하지 않는 오만함이 문제"라는 것이다. 요컨대 신뢰, 규범, 관용 등 문화적 요인의 쇠퇴가 위기의 원천이라는 지적이다. 그런데 과연 이것이 미국만의 문제일까?

  이런 상황은 우리나라 현실에도 잘 부합한다. 소득 불평등, 기회의 불공정 등 양극화가 심화되는 가운데 고용절벽, 헬조선 등 청년들의 좌절감과 분노가 확산되고 있다. 또한 급속한 고령화 추

세에 젠더 혐오와 세대 갈등, 진영을 가르는 문화가 사회 이슈로
번져 사회 분열을 촉진하고 있다. 이렇게 소통을 기피하고 관용이
사라진 세태를 어떤 사회학자는 '혐오와 분노로 점철된 시대'라고
표현한다.

이런 저신뢰 사회에서 개인은 고립되고 지속적으로 연결될 수
없으며 소셜 미디어를 통해 자기 욕구와 분노를 표현하게 된다고
분석한다. 대중의 분노와 불만, 진실과 거짓의 혼동은 전체주의의
토양이 될 수 있음을 기억하자. 이런 문제가 사회갈등을 넘어 민
주주의의 위기로 연결될 수 있고 개인의 자유와 권리가 심각하게
위협받을 수 있다는 것을 걱정해야 한다. 우리가 지금 단계에서
법 제도 문제를 넘어 사회 규범과 신뢰 문제에 대해 깊게 고민해
봐야 할 필요가 있음을 시사한다.

경제는 선진국 수준, 사회문화는?

한국은 6·25 전쟁의 폐허를 딛고 불과 몇 십 년 만에 세계 10위
권 경제 대국으로 성장했다. 경제 성장 관련 문헌에도 한국은 세
계적인 성공 사례로 소개되고 있으며, 한국의 성공 경험을 개발도
상국에 전수하는 '지식공유사업Knowledge Sharing Program, KSP' 프로그램

● 김도훈, 〈혐오와 분노로 점철된 엄숙의 시대〉, 중앙시사매거진 한국사회 대진단 04호, 2019.

은 많은 개도국이 지원해달라고 요청하는 인기 있는 사업이다. 한국은 2차 세계대전 이후 해외원조를 받던 나라에서 벗어나 가난한 나라를 원조하게 된 유일한 나라이다. 매년 막대한 예산(2018년 기준 23.5억불)을 해외원조에 쓰고 있다.

그렇다면 과연 대한민국은 선진국이라고 말할 수 있을까? 이런 질문에 선뜻 "그렇다"고 대답하기 어렵다. 경제적 성장과 민주화 달성 말고 "우리나라는 성공한 국가"라고 말할 수 있는 근거가 있을까? '경제'를 떠나 '사회문화' 측면으로 들어가면 자신감이 줄어든다. 우리가 과연 선진적인 시민문화를 갖고 있을까?

가장 상식적인 질문으로 시작해보자. 대한민국은 법치 국가인가? 누구에게나 법이 평등하게 적용되는가? 법원이 판결을 내리면 사람들은 이에 신뢰하고 승복하는가? 정치인을 비롯한 시민들이 법령과 사회 규범을 지키며 본인에게 주어진 책임을 제대로 수행한다고 믿을 수 있는가? 사회에서 만나는 사람을 신뢰할 수 있는가? 우리 사회는 능력대로 일하고 기여한 만큼 대우받는 사회인가? 이렇게 가장 쉬우면서 상식적인 질문에도 쉽게 답하기 어려운 사회가 지금의 대한민국이다.

'세계 가치관 조사World Values Survey'는 1981년부터 거의 40년간 세계 60여 개 나라 사람들의 가치와 신념의 변화를 조사해오고 있다. 전 세계에 걸쳐 사회과학자들이 대거 참여하는 이 조사는 신뢰나 사회적 가치관, 사회적 자본 등이 경제 성장이나 정치·사회 발전에 대단히 중요하다는 믿음에서 시작되었다. 세계 가치관조사가 비영리 기구의 조사로서 세계 최대 규모의 조사가 된 것은 그만큼 가치와 신뢰 등의 문화 요소가 각국의 정치·경제·사회 발전에 핵심적인 요인이라는 공감대가 있기 때문이다.

이 조사에 의하면 조사 기간 중 한국인의 대인 신뢰도는 38퍼센트에서 27퍼센트 수준으로 꾸준히 하락한 것으로 나타났다. 미국, 일본도 하락 추세이지만 한국은 원래 낮은 수준에 있었는데 더욱 빠른 속도로 신뢰도가 하락하는 것이 더 문제다.

한편 경제개발협력기구OECD가 2018년에 35개 회원국의 사회적 신뢰도를 조사한 결과를 보면 한국은 불신의 장벽이 매우 높은 것으로 나타났다. '다른 사람들을 신뢰할 수 있는가'라는 물음에 한국인은 26.6퍼센트만이 그렇다고 응답해 OECD 회원국 중 23위를 차지했다. 경제학자 김희삼 교수의 표현과 같이 한국 사회는 신뢰가 없어 서로 믿지 못하고 각자 제 살길만을 모색하는 '각자도생 사회'가 되어 가고 있다.

역동적인 한국인의 품성과 강점

한국의 사회문화와 신뢰를 논하기 전 우선 한국인의 품성과 강점부터 간단히 살펴보자. 한국인의 품성과 강점을 먼저 살펴보는

● 김희삼, 〈저신뢰 각자도생 사회의 치유를 위한 교육의 방향〉, KDI focus, 2018.

일이 사회문화와 신뢰 문제 논의의 출발점이 될 수 있다고 보기 때문이다.

우리 한국인들은 대체로 낙천적이고 음주가무를 즐기는 등 감성이 풍부하며 공동체적 협동정신이 강하고 역동적이라는 평을 받는다. 이런 기질과 품성은 산천이 아름답고 사계절이 뚜렷한 한반도 지리 요인의 영향을 받은 것이다. 자연재해나 풍토병도 적고 산수가 온화하여 한국인들은 낙천적이고 자연을 즐기는 품성을 가꾸어 왔다. 국사학자 한영우 교수는 한국인들은 옛날부터 공동체의식이 발달했고, 금수강산의 영향을 받아 낙천적이고 춤과 노래를 좋아했다고 주장한다. 그래서 '흥이 많은 민족'이라고 본다. 중국의 고대 역사책에도 한국인들은 '협동정신이 강하고 인성이 훌륭하며 춤과 노래를 좋아하는 낙천적인 민족'으로 묘사되어 있다. '서로 존경하고 도우며 풍속이 아름답다'는 등 훌륭한 문화를 가졌다고 칭송한 중국 역사 기록도 많다고 한다.[*]

우리 민족은 이런 품성을 바탕으로 삼국시대와 고려시대에도 매우 다원적이고 개방적이며 역동적인 특성을 자랑하는 문화를 과시했다.[**] 만주벌판을 호령하던 고구려, 왕성한 해상강국의 면모를 보여주던 백제와 신라의 개방적이고 역동적인 활약상을 상기하자. 고려시대는 이러한 개방적이고 창의적인 역동성이 꽃을

[*] 한영우, 《다시 찾는 우리역사 1》(경세원, 2004).
[**] 박종기, 《새로 쓴 오백년 고려사》(휴머니스트, 2020).

피워 상공업의 발달과 문화적 창의성을 과시한 시대였다.

고려는 불교뿐만 아니라 유교, 도교, 풍수지리, 민간신앙 등 종교와 사상의 다양성을 인정하고 이를 팔관회 같은 국가 의례로도 수용했다. 태조 왕건의 유훈인 〈훈요 10조〉에는 다원성, 개방성의 원칙이 명시되어 고려 왕조 내내 준수되는 지침이 되었다. 고려는 외국과의 대외관계 형성에도 매우 개방적인 태도를 유지했고 당시 인구의 8~9퍼센트를 차지하는 약 17만 명의 외국인(발해인, 중국인, 거란인, 여진인)을 귀화시켜 포용했으며 그중 일부는 고위 관료로도 등용했다.[•]

상업과 대외무역도 적극 장려해 12세기에 고려 개성 부근의 벽란도에는 송나라, 여진, 거란, 일본 상인과 멀리 아라비아 상인들까지 몰려와 무역이 발전하며 대성황을 이루었다. 문화적으로도 우리가 자랑하는 상감청자, 팔만대장경, 금속활자 등의 찬란한 문화가 바로 고려의 작품이다. 고려의 시인이자 관료인 이규보가 "오가는 뱃머리가 서로 잇대었구나. 아침에 배가 이 정자(벽란도 소재) 아래를 떠나면 한나절이 못되어 남만에 이른다"고 묘사한 시는 너무도 유명하다.[••] 13세기 당시 개경은 10만 호, 인구 50만을 헤아릴 정도로 번성한 도시였다. '코리아Corea'라는 명칭은 몽골 제국을 방문했던 프랑스인이 고려의 중국식 발음 까오리를 'Caule'

●　박종기, 《고려사의 재발견》(휴머니스트, 2015), pp.107-109.
●●　벽란도는 개경 인근 예성강 입구의 국제무역항으로서 당시 수많은 외국의 무역선이 출입한 곳이다.

라고 기록해 외국에 알려졌다고 한다.

이렇게 개방적이고 다원적이었던 문화는 조선시대에 이르러 성리학이라는 하나의 이데올로기만 숭상하고, 바다를 막는 해금 정책 등에 집착한 결과 점차 폐쇄적이고 획일화된 문화로 변질되었다. 특히 16세기 사림파의 등장 이후 성리학을 제외한 불교, 도교, 풍수지리 등을 이단시하여 배제하고 신분제를 강화하며 성리학 질서만을 교조적으로 확산함으로써 우리 민족의 개방적, 다원적, 진취적 품성에 많은 손상을 가져왔다.

그 결과 사대부 지배층에는 성리학 이데올로기와 도덕정치에 집착하고 사색당파 당쟁이 확산되며 자기와 다른 사상을 가진 사람을 '사문난적斯文亂賊'으로 까지 매도하는 이분법적 사고가 만연하게 되었다. 이러한 편 가르기 문화는 후대에 이르기까지 많은 영향을 미치고 있다. 그래도 지배층과 다른 생활을 영위한 일반 서민에게는 개방적·역동적인 품성이 오래 내재되며 존속해왔다. 조선의 폐쇄적인 문화에 대해서는 뒤에서 상세히 논의할 것이다.

오래 숙성된 민족적 품성은 일시적 시련과 일탈을 겪는다고 해서 쉽게 바뀌지는 않는다. 기회만 주어지면 표출되는 한국인의 개방적이고 역동적인 품성과 공동체적 협동정신으로 우리는 개인적인 자질이 뛰어난 민족성을 형성했다. 한국인은 역동적이고 창의력이 뛰어나며 IQ로 측정되는 두뇌 수준으로는 따라올 민족이 없다는 평가를 받는다.

2002년 월드컵 응원전과 세계 무대에서 인기를 끌고 있는 방탄소년단 등 한류 문화도 한국인의 타고난 끼, 감성, 열정과 창의력을 보여주는 문화적 산물이다. 2002년 월드컵 당시 전 국민이 붉은 셔츠를 입고 참여한 붉은 악마 응원단의 열광적인 응원전 모습은 전 세계 축구팬들과 언론으로부터 "믿어지지 않을 만큼 감동적인 장면"이라는 찬사를 받았다. 월드컵 응원전에 참가한 한국인은 연 인원 2,000만 명으로, 참여자들은 자발적으로 열정적 응원을 하며 단결력을 보여주었다. 그러면서도 질서정연하게 움직이고 뒷정리를 깨끗하게 마무리하는 모습은 전 세계인에게 깊은 감동을 주었다. 한국인의 열정, 공동체정신, 질서의식 등 멋진 면모를 보여준 사례였다.

이 응원전을 주도했던 세대가 당시 10대 후반~20대 후반의 이른바 W세대로 불리던 청년 세대이다. 이들은 모두 "대~한민국"을 연호하며 태극기 패션을 온몸에 자랑스럽게 치장하기도 했다. 지금은 이들이 30~40대 기성세대로서 사회의 중추 세력이 되었다. 그런데 월드컵 세대였던 현재의 30~40대에게 과거와 같은 열정이 남아 있을까? 나라에 대한 사랑과 자부심이 지금도 유지되고 있을까?

외환위기 때의 '금 모으기 운동'도 전 세계에 강렬한 감동을 준 사건이다. 1997년 12월, 새마을부녀회가 시행한 '금가락지 모으기 운동'에서 촉발된 금 모으기 운동은 즉시 전 국민 캠페인으로 확

● 〈한국인의 두뇌연구〉, 월간조선 2월호, 2004.

대되었다. 1998년 1월부터 3개월간 KBS가 시행한 금 모으기 운동에는 국민 349만 명이 참가하여 227톤의 금을 모았다. 이는 당시 한국은행이 소장하고 있던 금의 20배가 넘는 양이다. 일반 국민들이 가정에 갖고 있던 금반지, 목걸이, 돌 반지 등을 아낌없이 내놓은 덕분에 이렇게 많은 금을 모을 수 있었다.[*] 나라가 위기에 처하자 국민이 단합해 참여하고 희생한 공동체정신이 세계 언론에 널리 보도되었고 이러한 보도로 외국인들은 대한민국이 외환위기를 쉽게 극복할 것이라는 인상을 받았다고 한다. 한국인 스스로도 열정적인 참여 열기와 헌신적인 애국심에 놀랐고 외환위기와 실업대란 속에서도 엄청난 자부심과 긍지를 느꼈다.

한국개발연구원KDI이 IMF 외환위기 발생 20년을 맞아 '국민의 인식과 삶에 미친 영향'을 파악하기 위해 실시한 대국민 인식조사에 따르면 조사대상자의 42.4퍼센트가 "IMF 외환위기하면 가장 먼저 국민의 금 모으기 운동이 떠오른다"고 답한 것을 통해서도 알 수 있다. 이 조사를 통해 한국인 스스로 외환위기를 조기 졸업할 수 있었던 원동력을 금 모으기 운동 등 '국민의 단합(54.4퍼센트)'으로 생각한다는 사실 또한 드러났다.[**]

이처럼 온갖 역경을 겪으면서도 공동체정신과 낙천적인 품성을 유지해온 대한민국이 최근 들어 급변하고 있다. 역동적이었던

● 위키백과, '금 모으기 운동', 2020. 2. 4.
●● 중앙일보, 〈금 모으기 운동, 위기 극복 위한 한국인의 결기 보여줘〉, 2017. 12. 4.

한국인들이 지금은 활력을 잃고 자신감을 상실했으며 공동체정신도 쇠퇴하고 있다. 청년들을 억누르는 '헬 조선' 풍조도 우려스럽다. 우리의 사회문화에 대한 심각한 점검이 필요한 상황이다. 한국인은 누군가가 일깨우고 나아가야 할 목표를 명확히 제시하여 리드하기만 하면 금방 본래의 잠재력을 발휘하는 민족이다. 개성이 강하고 창의력이 뛰어난 한국인들은 누가 개입하여 간섭하는 것을 좋아하지 않는다. 공동체에서 서로 믿고 신뢰하며 개개인이 역동적이고 창의력인 역량을 마음껏 발휘하도록 여건만 만들어주면 된다.

공동체 공통의 가치와 목표를 제시하고 서로 신뢰하며 지켜야 할 규범을 준수하는 문화를 조성해주면 충분하다. 월드컵 응원전을 리드했던 것은 정치 지도자들이 아니었다. 평범한 붉은악마 응원단이 전 국민의 단합을 이루어냈다. 그 문화를 회복해야 한다. 지금 필요한 것은 국민이 잠재된 역량을 발휘하도록 비전을 제시하고 열정을 끌어내는 일이다.

역행하는
사회문화

공정한 게임의 룰, 제도에 관하여

대한민국은 온 국민이 합심하여 고도의 경제 성장을 이루어냈고 국민의 힘으로 정치 민주화를 달성했다. 과거 선진국들이 수백 년에 걸쳐 이룩한 경제성장과 민주화를 단기간에 달성했으나 최근 심각한 정치, 사회갈등과 급속한 고령화 추세 속에 성장이 정체되며 여러 위기를 맞고 있다. 국가의 역량이 위기에 처해 있을 때, 국가 경쟁력을 강화하고 사회통합을 이뤄내기 위해서는 국가개조 수준의 전면적인 개혁을 추진해야 한다. 그런 노력이 있었는가?

2014년 세월호 사건 때 국가개조론이 언론을 주도했다. 국가 시스템의 전면적인 개편이 필요하다는 여론이 지배했다. 그러다 2016년 최순실 국정농단 사건을 겪으면서 또 다시 국가개조론이 만연했다. 국가개조론이 팽배했던 두 개의 사건을 거치면서 정권이 교체되었는데 정작 사회문화에서는 어떤 발전이 이루어졌는가?

정치학자 폴 케네디의 주장과 같이 한 나라의 국력을 좌우하는 것은 군사력과 경제력이지만 결국 가장 중요하고 기반이 되는 것은 역시 '경제력'이다.[•] 그런데 지금 경제가 활력을 잃었고 성장도 정체되었다. 한 국가의 경제가 지속적으로 성장하고 고용을 창출하기 위해서는 시장의 핵심 경제주체인 기업과 개인의 '역동적인 경제 활동'이 촉진되어야 한다. 이 역동적인 게임을 위해서는 공정한 게임의 룰, 경제·사회 제도를 만들어 두고 선수들이 규칙의 범위 내에서 자발적으로 열심히 뛰도록 환경을 조성하는 것이 중요하다. 게임의 룰이 너무 복잡하고 심판이 자주 호루라기를 불거나 편파적이면 경기 흐름이 수시로 끊기며 게임이 활력을 잃는다. 선수들이 제 역량을 발휘하지 못하게 된다.

시장경제에 존재하는 게임의 룰은 주로 '경제 관련 법 제도'이다. 정부는 경제 활동을 촉진하기 위해 공정한 제도를 만들어 엄정하게 집행하고, 경제 활동은 기업과 개인에 일임해 개입하지 않아야 한다. 이때도 역동적이고 창의적인 한국인의 성향에 맞는 제도를 염두에 두어야 한다. '규제 중심' 제도는 역동적이고 창의적인 한국인의 기질과 맞지 않는다. 오히려 역량 발휘를 제약한다.

경제학자 더글러스 노스가 노벨 경제학상을 받게 된 핵심 공

• 폴 케네디, 이일수 외 옮김, 《강대국의 흥망》(한국경제신문, 1996).

헌은 '제도 중심의 성장론'으로, 장기적으로는 제도가 경제 성장에 가장 중요한 역할을 한다는 이론이다. 노스는 정치와 경제 관련 제도 등 공식적인 법 제도가 중요하지만 어떤 면에서는 사회의식, 가치관, 신뢰, 사회 규범 등 비공식적 제도Informal Institutions가 경제성장에 더 중요한 역할을 한다고 주장했다.[•] 그의 핵심 저서인 《제도·제도 변화·경제적 성과》에서도 경제 성장을 위한 비공식적 제도의 중요성이 강조되었다. 실제로 우리는 일상적인 사회생활을 영위할 때 법령을 들춰보며 생각하고 사람들을 만나며 행동을 결정하지 않는다. 오히려 노스가 말하는 비공식적 제도, 즉 의식·가치관·관습·신뢰·사회 규범 등 주로 '문화' 영역의 영향을 받으면서 살아간다. 이런 것들은 오랜 기간에 걸쳐 만들어져 우리가 크게 의식하지 못하면서도 생활하고 행동하는 틀을 규정한다.

문화Culture는 쉽게 정의하기 어려운 개념이지만 '한 집단의 사람들이 갖는 생활방식The Way of Life'을 의미한다고 규정하자.^{••} 이러한 생활방식은 집단에 따라 다르고 나라에 따라 크게 차이가 있다. 즉 문화가 다르다는 의미다. 문화는 사람들의 언어, 종교, 관습, 의복, 음악, 음식 등에서 각각 다르게 표현된다.^{•••} 선진국과 후진

국의 문화는 확실히 다르다. 그래서 문화 수준에 차이가 있다고 말한다. 바로 이런 문화, 즉 비공식적 제도의 차이가 정치·경제의 발전 정도를 좌우한다는 것이 더글러스 노스 이론의 핵심이다.

신뢰, 준법의식, 기업가정신 같은 문화 요인은 '생산 요소의 축적'보다 '생산성'에 직접적으로 기여한다. 서로 신뢰하고 화목하며 예의와 규칙을 지키는 직장과 서로 불신하여 대립하며 규칙을 무시하고 예의를 경시하는 직장을 비교해보면, 어떤 직장이 더 일하기가 좋을지 뿐만 아니라 생산성이 높을지도 예상할 수 있다. 범주를 더 넓혀 사회로 확대하더라도 같은 논리가 적용된다. 그래서 문화가 생산성, 나아가 경제 성장에 영향을 미친다는 것이다.

성장 정체와 민주주의의 위기

19세기 조선을 탐방한 많은 서양인들이 "조선인은 대단히 가난하고 지저분하며 게으르다"는 평가를 내렸다.[*] 당시 조선의 경제력이 취약하여 가난하고 환경이 지저분했던 것은 이해가 되지만 왜 게으르다는 평가까지 받았을까? 오늘날 한국인들을 게으르다고 평가할 외국인은 없을 것이다.

조선시대에는 상공업을 천시하는 문화가 있었고, 또 부지런히

---

[*] 김학준, 《서양인들이 관찰한 후기조선》(서강대학교 출판부, 2010).

일해서 이뤄낸 부를 빼앗아가는 사람들과 그런 제도가 있어서 열심히 일할 유인이 없었다. 오히려 크게 부자가 되면 생명이 위험해지는 위기를 겪는 경우가 있었다. 그러나 해방 이후 경제성장기를 거치면서 그런 제도와 문화가 변했다. 상공업이 장려됐고 열심히 일해 얻은 성과가 내 것이 된다는 믿음이 생겨났으며 이 믿음이 한국인의 근면한 본성을 되찾게 했다.

과거 산업화 이전에는 독일인과 일본인도 "게으르고 도둑질을 잘하며 정직하지 않다"는 평가를 받았다.● 경제 성장 이후 그런 평가가 정반대로 바뀌었다는 것은 모두 잘 알고 있는 사실이다. 문화가 경제 성장에 영향을 미치기도 하지만 경제 성장의 결과로 사람들의 생활방식인 문화가 바뀌기도 하는 것이다.

해방 후 한국은 근대적인 헌법과 법 제도를 마련하여 시장경제체제를 도입했다. 1947년 제정된 건국헌법(제5조)은 "대한민국은 정치, 경제, 사회, 문화의 모든 영역에 있어서 각인의 자유, 평등과 창의를 존중하고 보장함"을 명시해 자유 시장경제 체제를 규정했다. 1987년 제정된 현행 헌법(제119조)에도 "대한민국의 경제 질서는 개인과 기업의 경제상의 자유와 창의를 존중함을 기본으로 한다."고 명시하고 있다.

이와 같이 우리는 자유 시장 경제체제를 근간으로 하는 법 체제를 갖추어 나라를 건국하고 시장경제를 기반으로 경제 성장을

● 장하준, 이순희 옮김, 《나쁜 사마리아인들》(부키, 2007).

이룩했음에도 불구하고 아직도 우리 사회에는 시장경제의 핵심 가치인 '재산권 보장'이나 '계약에 대한 관념은 자리 잡지 못했다. 공식적 법 제도에서는 자유 민주주의와 시장경제 체제를 위한 법 체계는 갖췄으나 그 법의 엄정한 준수, 법에 의한 규율 등 법치의 실천과 이를 토대로 한 정부, 공무원, 시민 서로 간의 신뢰 형성 같은 사회문화는 아직 취약하다.

최근 우리나라의 여러 학자들이 세계 여러 나라와 마찬가지로 한국의 민주주의도 위기에 처해 있다고 진단한다.[*] 대표적인 진보 정치학자 최장집 교수는 현 정부 들어 한국의 민주주의가 양극화의 심화로 위기를 맞고 있다고 진단한다.[**] 그는 한국 민주주의의 위기를 다음과 같은 네 가지 관점에서 해부했다.

1 촛불시위 이래 전면적인 개혁을 추진하면서 대통령이 개혁을 주도하며 다른 정치 세력이나 야당은 배제되었다. 대통령의 권력이 과도하게 확대되어 권력이 중앙 집중화되면서 행정의 중앙 집중화를 초래했고 그 결과로 권력에 대한 견제 장치가 약화되며 분권적 기반을 위협했다.

2 대통령 권력의 확대로 삼권 분립과 견제와 균형 기능이 약

● 임혁백, 〈임혁백의 퍼스펙티브〉, 중앙일보, 2020. 9. 14. 임혜란, 〈한국 민주주의 위기와 경제개혁〉, 한국정치연구 제27집 제1호, 2018.

●● 최장집, 〈다시 한번 한국 민주주의를 생각한다: 위기와 대안〉, 한국정치연구 제29집 제2호, 2020.

화되어 법의 지배가 위협받게 되었다. 법의 지배를 위해서는 법의 정신과 이를 지키는 사람의 행위 규범이 중요한데 대통령 권력사용에 대한 절제와 관련된 규범이 지켜지지 않고 있다.

3 민주화 운동의 사회적 기반이었던 시민사회가 권력의 중심으로 편입되면서 국가 권력과 시민사회가 특혜와 지원을 대가로 정치적 지지를 교환하는 관계로 자리 잡았다. 시민사회가 국가로부터 자율성을 가지며 권력을 추구하지 않는다는 본질을 훼손하며 많은 지식인 그룹이 권력에 포섭되면서 다원적인 공론장이 위축·소멸되었다. 지방 정부 차원에서도 방대한 예산이 시민운동 출신들로 구성된 유사 공적 기관에 배분되었다.

4 정당 후보 공천에 대통령과 청와대가 직접 관여하고 캠프 중심의 정치가 펼쳐지며 정부 여당이 대통령 권력기구의 하위기구로 전락하면서 정당이 소외되는 현상이 초래되었다. 캠프정치와 열정적 지지자 모임의 결합, 이에 동반되는 집단적 공격성으로 한국 정치에서 시민사회 공론장이 황폐화되고, 정당은 대중으로부터 소외되었다.

그는 다른 강연에서도 "한국 민주주의가 위기인 것은 (집권 세력이) 민주화 이전으로 회귀해 역사와 대결하는 것이 근본 원인"이라고 말하며 "적폐 청산 열풍은 민주화 이전의 민주주의관으로 회

귀한 것"이라고 지적했다. 다른 학자들은 대의정치의 핵심 기제인 정당정치의 실패와 중산층 붕괴 등 사회세력 기반의 와해를 중시하기도 한다. 대개 민주주의의 제도적 장치와 규범 위반을 지적한다. 또 그런 위반 행위가 국민들이 의식하지 못하게 은밀하게 다가오고 있다는 것을 경고한다.

현재 한국이 직면한 정치·경제·사회의 위기는 급속한 성장 과정에서 경제의 양적 성장에 치중하고 다른 부문의 균형 있는 발전에는 상대적으로 관심이 적었던 데에서 주로 연유한다. 경제의 압축 성장 과정에서 다른 부문이 함께 발전할 여유가 없었던 탓이다. 진정한 선진국으로 진입하려면 경제의 지속적인 성장에 발맞춰 정치와 사회문화가 함께 선진화되어야 하는데, 각 부문이 균형적으로 발전하지 못함으로써 경제와 사회문화의 괴리가 커졌고, 이제는 뒤처진 정치와 사회문화가 지속적인 성장과 국가 발전을 저해하는 단계에 이르렀다.

개념상으로는 양적인 경제 성장과 질적인 경제 발전을 구분하는 것이 일반적이다. 국민총소득이 늘어나는 양적 경제 성장이 질적 경제 발전으로 연결되려면 정치, 사회, 문화의 질적 구조 변화가 뒤따라야 하기 때문이다. 본격적인 선진국화는 정치·사회·문화 등 여러 부문이 함께 발전하면서 완성되는데 이에는 많은 시간

● 최장집, 〈한국 민주주의의 공고화, 위기, 새 정치질서를 위한 대안〉, 김대중 전 대통령 노벨평화상 수상 19주년 학술회의 기조 강연, 2019. 12. 9.

이 소요된다.

현재는 급속한 경제 성장에 따라 확대된 경제 수준에 맞지 않게 뒤처진 사회문화가 시장경제의 원활한 작동과 국가발전을 저해하면서 많은 문제를 노출하는 상황이다. 지금까지 고도의 경제 성장을 이끌어왔던 시장경제의 핵심 가치를 중시하지 않고 진보 이데올로기에 빠져서, 갈수록 반시장적 문화에 경도되는 경향마저 존재한다. 헌법에서 보장하는 개인의 자유와 재산권 보장, 계약의 존중 등 시장경제의 핵심 가치를 침해하고 기업 경영에 정부가 직접 개입하는 입법이 증가해도 위헌 문제가 잠시 제기될 뿐 큰 논란이 되지 않는다. 헌법 개정도 없이 이렇게 법치의 근간이 흔들려도 되는 것인가? 마찬가지로 시민들도 일상생활에서 이러한 가치와 규범, 법 제도를 존중하지 않는 사례가 늘고 있다.

헌법에 규정된 시장경제 체제에 대한 근본적인 논의도 없이 경제활동에 대한 게임의 규칙을 바꾸려는 시도는 문제가 있다. 게임의 규칙을 복잡하게 만들고 심판이 과도하게 편파적으로 개입하여 게임을 망치는 경우와 같은 형국이다. 국민의 열정과 도전을 끌어내지는 못할망정 있던 열정까지 꺼뜨리는 제도와 문화는 이제 바꿔야 한다.

법 제도 자체에 대한 본격적인 논의는 이 책의 주제에서 벗어나기 때문에 별도로 논의하기로 하자. 다만 우리는 지금까지 사회문화의 문제를 너무 소홀히 취급했다. 물론 1990년대부터 신자유주의에서 비롯된 세계적인 규제 완화의 흐름 속에서 우리나라도 규제 철폐, 대못 제거 등을 내세우며 불합리한 법 제도를 개선하기 위해 노력해온 것이 사실이다. 지금도 정치권의 관심사는 법 제도 자체에 관한 것이 대부분이다. 20대 국회가 4년간 발의한 법안이 2만 건이 넘는다. 이는 국회 활동이 법률 제정과 개정 등 법 제도의 관점에만 집중되어 있었다는 것을 말해준다. 반면 법 제도를 제대로 시행해 국가를 발전시키는 일, 즉 '법치'의 문제나 '사회에서의 신뢰 증진' 등 사회문화 개선에 대한 논의는 그다지 활발하지 못했다.

국가를 쇠퇴의 길로 내몬 사회문화

최근의 대한민국 상황을 지켜보면 조선의 쇠퇴 과정이 연상된다는 지적이 많다. 조선의 쇠망에도 공식적인 법 제도보다는 의식, 가치관 같은 문화 요인이 더 작용했다. 쇠퇴하는 고려를 대체해 세워진 조선은 건국 초기에 성리학을 토대로 국가를 개조하는 쇄신적인 제도를 설계했다. 그랬던 것이 100년도 지나지 않아 지배층 중심의 폐쇄적, 착취적 제도로 변질되면서 발전을 저해했다.

지배계급인 성리학자, 관료들은 백성들의 삶과 관련 없는 관념적 도덕정치를 구현한다며 삼강오륜이라는 이데올로기를 온 백성에게 강요하고 경제의 근간이 되는 상공업을 천시하며 해금정책으로 대외무역을 억제했다. 사농공상이라는 차별적 신분질서를 합리화하며 집요하게 자신들의 특권을 추구했다. 지배층의 폐쇄적이고 착취적인 제도가 폐쇄적이며 획일화된 문화를 초래하며 백성의 활력을 억제하여 성장을 막았고 결국 나라를 쇠망의 길로 내몰았다. 개방적이고 역동적인 백성들의 품성은 억눌러 발산할 기회를 찾지 못했다.●

이와 같이 조선의 지배층은 성리학 단일 이데올로기에 빠져 도덕정치를 추구하고 상공업을 억제해 폐쇄적이고 반시장적인 사회문화를 정착시켰다. 상인들은 스스로 부를 창출하지 않으면서 남의 이익을 빼앗는 집단으로까지 매도되었다. 양반 계급은 굶더라도 상공업 같은 천한 활동에는 종사하지 말아야 한다는 의식이 조선의 사회문화를 지배했다. 유교 철학을 만들어낸 중국보다도 상공업 억제에 훨씬 교조적으로 집착했고 같은 유교권이었던 중국이나 일본보다 심화된 반시장적이고 편협한 문화가 조선 후반을 지배했다.

1997년 외환위기로 한국경제가 사상 초유의 위기를 겪고 있을 때 《문화에 발목 잡힌 한국경제》라는 책이 1999년 출간되었다. 김은희, 함한희, 윤택림 등 여성 사회학자 3인이 공저한 이 책은 "돈 많이 가진 자가 고통받게 하겠다"고 천명한 김영삼 당시 대통령의 취임 초 공언을 재조명했다. 대통령의 이런 인식은 부의 획득을 죄악시하던 조선 유교 전통이 1990년대까지 이어져 아직도 한국

● 정병석, 《조선은 왜 무너졌는가》(시공사, 2016).

사회에 만연한 문화유산임을 드러낸 결과라고 지적했다.

당시에는 외환위기의 원인을 경제정책의 실패에서 찾고 이를 개혁하는 것이 급선무라는 공감대가 형성되어 있었다. 그런데 정책(제도) 실패가 아닌 한국사회에 뿌리 깊게 남아 있는 사회문화적 요인에서 한국경제 위기의 원인을 찾은 이 책의 시도는 참신한 만큼 설득력이 있었다.

도대체 우리에게 문화는 어떤 의미가 있을까? 앞서 문화는 '한 집단의 사람들이 갖는 생활방식'이라고 정의했다. 미국의 문화사 대가 자크 바전은 "문화의 핵심은 바로 살아 있는 과거다"라는 설득력 있는 요약을 내놓았다. "성토한다고 해서 싫어하는 것에서 풀려나는 것도 아니요, 과거를 무시한다고 해서 과거의 영향력이 없어지는 것도 아니다." 이는 20세기 최고의 문화전문가라 할 수 있는 자크 바전의 문화에 관한 예리한 함축이다.[●] 또 자크 바전은 "문화는 고유 관습과 전통, 개인의 버릇이나 조직의 관행, 계급의 행동 규범과 선입견, 언어나 사투리, 가정교육이나 직업, 교리, 가치관, 관례, 유행, 미신 그리고 가장 좁게는 기질로 이루어져 있다"라고 정의했다. 한마디로 문화는 오랜 기간 축적되어 아직도 살아 있는 과거이며, 쉽게 사라지는 것도 아니라는 지적이다. 문화는 형성되는 데 오랜 기간이 걸리는 만큼 한번 형성되면 쉽게 사라지지 않고 남아 있다.

● 자크 바전, 이희재 옮김, 《1500-2000, 새벽에서 황혼까지 1》(민음사, 2006).

자크 바전은 평생 서양 문화의 발전 과정을 연구했고 93세가 되던 해에 대작 《서양문화사 500년 1500-2000, 새벽에서 황혼까지》를 출간했다. 이 책을 쓰는 데 얼마나 걸렸느냐는 질문에 자크 바전은 "한평생이 걸렸지요"라고 대답했다. 오랜 세월 동안 축적된 문화의 연구에는 평생의 연구가 필요하다는 의미가 아닐까? 자크 바전의 책은 문화의 중요성, 나아가 세계 질서를 주도하는 서양 문화가 어떻게 형성되었는가를 생생하게 증언하는 역작이다.

조선시대 도덕정치와 오늘날의 편 가르기

이른바 '문화에 발목 잡힌 한국경제'라는 비판을 받은 지 20여 년이 지난 지금은 어떤가? 이제는 과거 문화의 굴레에서 완전히 벗어났을까? 최근 적폐청산의 기치 아래 각 부문에서 패러다임의 변화가 추구되고 있으나 사회에는 도덕주의 경향이 계속해서 강화되는 추세이다. 마치 조선시대 교조적 사림파가 주도하던 도덕 정치 시대가 현대에 다시 재림한 것 같다. 오히려 사회문화의 제약이 더 심해졌다고 본다. 헌법과 법률에 따른 적법성의 기준에서 보지 않고 획일적 도덕의 잣대를 내세운 진영 논리로 모든 영역을 재단하는 것은 법보다 도덕을 우선시했던 조선시대 도덕정치를 연상시킨다. 때로는 나라 발전보다 도덕 자체의 가치를 더 중시하기도 한다.

문화의 단선화·획일화와 이분법적 사고는 고려시대까지 포용한 불교, 도교, 풍수지리 등 종교와 사상의 다양성을 배제하고 조선 후기부터 성리학이라는 단일의 이데올로기만 허용함으로써 다양성, 다원성, 포용성을 상실한 결과라고 본다. 사대부 지배층은 성리학 이외의 학문은 이단이라 배격하며 다원성을 버리고, 하나의 기준으로만 보면서 자기편의 행위는 도덕적으로 옳고, 상대편의 행위는 부도덕하고 나쁘다고 보았다. 지금도 적과 친구로 편 가르기, 진영을 나누는 행태는 '내 편은 무조건 군자, 상대편은 무조건 소인(적)'으로 매도하던 조선 후기 당쟁 문화의 재현 같다. 이런 도덕 기준은 너무도 자의적이고 폐쇄적이다. 다원화된 사회에 부합하지 않는 문화다. 문화는 역시 살아 있는 과거라고 보아야 할 것이다. 폐쇄적이고 교조적인 도덕의 문화로 경제를 망친 조선 후기와 같이 과도한 도덕주의가 오늘날 다시 살아나 우리 경제를 옥죄는 것으로 보인다. 포스트모더니즘의 상대주의 풍조도 있겠지만 우리에게는 조선 문화의 영향이 커 보인다.

　한국 사회는 분열과 갈등이 더욱 심화되며 양극화되고 있다. 사회 계층 간의 양극화가 심화되며 분열되더니 정치적으로 진보와 보수 간의 갈등이 더욱 심화되어 국민을 갈라놓고 있다. 그런 가운데 일부 계층의 특권은 더욱 확대되고 그런 흐름의 바깥에 있는 일반 서민들은 갈수록 위화감을 느끼고 있다. 정치가 갈등을 해결하지 못하고 국민들의 신뢰를 받는 계층이 없다. 오늘날 거짓말과 편 가르기, 혐오와 분노, 갈등과 폭력 등이 우리 사회를 특징

짓는 현상이 되었다. 이런 사회에서는 소통과 상대방에 대한 포용이나 관용이 점점 어려워지고 신뢰는 더욱 약해진다.[●]

그동안 대한민국은 1948년 헌법을 제정한 이래 각 부문에 걸쳐 선진적인 제도를 마련하기 위해 갖가지 법 제도를 도입했다. 법제도를 만드는 데 집중하였으나 그 제도의 확실한 시행, 이를 통한 법 제도의 성과 달성, 사회문화의 선진화 관점에서는 소홀했다. 법 제도를 운영하는 당사자가 신의에 따라 성실하게 직분을 다하도록 신뢰하며 권한을 주고, 지도층을 비롯한 국민들이 법 제도를 제대로 준수하고 위반 시 제재하는 문화 형성도 미흡했다. 국가는 지도층부터 법을 지키며 공정하게 법질서를 집행한다는 국민의 신뢰를 얻지 못했다. 이런 사회문화의 문제가 법 제도의 효율적인 운영을 어렵게 하며 민주주의와 시장경제 체제가 효율적으로 작동하지 못하게 하고 있다.

법치의 기반, 신뢰 사회

'신뢰 사회'는 법과 규범이 지켜지는, 품격 있는 사회이다. 국가 운영의 기본원리인 법치가 제대로 실현되지 않으면 신뢰를 기대하기 어렵다. 또한 법령과 규범을 존중하는 신뢰 사회는 법치의

● 김도훈, 〈혐오와 분노로 점철된 엄숙의 시대〉 중앙시사매거진 한국사회대진단 04호, 2019.

기반이 된다. 사회에서 구성원들이 서로 공통의 규범과 가치를 존중할 것이라는 믿음이 없으면 신뢰가 형성되지 않고 아무리 좋은 제도 시스템이라도 제대로 작동하지 않는다. 사회에서 주요 책임을 맡은 사람이 성실하게 맡은 바 역할을 수행하지 않는다면 신뢰가 형성되지 못하고 제도가 원활하게 시행되지 못하면서 비효율이 증가한다.

소크라테스는 사회에서 각자가 자기 맡은 바 소임, 직분을 다하는 것이 중요하다고 강조하며 그것이 '정의'라고 규정했다. 사람들의 필요에 의해 국가가 형성되었고, 다양한 직업을 가진 사람들이 모여 살게 되었으니 각자 소임을 다해 정의를 구현하는 것이 국가 운영에 중요한 원칙이 된다고 강조했다.[•]

다시 정리하면 사회문화란 주로 사람들의 생활방식을 의미하는 데 선진 사회문화는 특히 신뢰가 높고 법과 질서가 확실하게 준수된다는 특징을 갖는다. 그래서 한국 사회문화 선진화의 우선 과제로 법치의 실현과 신뢰 형성, 두 과제에 집중하는 것이 중요한 선택이라고 생각한다.

앞에서 논의한 법 제도에 관한 문제는 법치의 과제로, 규범에 관한 문제는 신뢰의 문제로 압축하여 논의하고자 한다. 여기에서는 법치에 관하여 법 제도 자체라는 하드웨어보다도 법의 지배 이념, 법 준수 의식, 법의 공정한 집행 등 소프트웨어적 측면에 집중

● 플라톤, 이환 편역, 《국가론》(돈을새김, 2014).

하고 사회문화의 과제는 신뢰에 집중하고자 한다. 법치와 신뢰가 실현되지 않으면 아무리 좋은 제도를 구축해도 제대로 작동하지 않고 민주주의와 시장경제가 발전하지 못한다. 개인의 자유와 권리도 제대로 지켜지지 못한다.

신뢰는 규범을 토대로 형성되는 것이며, 사회 규범의 핵심적인 부분은 법 제도로 공식화된다. 법 제도의 준수, 법에 의한 규율, 즉 법치는 규범 준수 문화를 토대로 한다. 신뢰, 규범, 법치 등은 서로 밀접하게 연결되어 있다.

여러 개념 간의 관계를 보다 체계적으로 정립해서 논의하기 위해 '사회적 자본Social Capital'이라는 개념을 도입하는 것이 좋겠다. 사회적 자본은 사회 구성원 간의 연계와 네트워크, 이에 기반한 신뢰와 규범이라는 무형의 자산을 의미한다. KDI에서는 2007년, '한국의 경제·사회와 사회적 자본에 관한 포괄적인 연구'를 진행했는데, 이 연구에서 사회적 자본의 구성 요소를 신뢰와 사회적 네트워크, 규범과 제도로 규정했다.[•]

이 책에서는 사회문화에 초점을 맞춰 제도를 규범에 포함해 논의하고자 한다. 그렇게 하면 사회적 자본의 핵심 요소는 신뢰, 규범, 사회적 네트워크로 압축된다. 사실 사회적 자본의 정의나 포괄 범위 등에 대해서는 학자 간 명확한 합의가 이루어지지 않아 다소 불명확한 부분이 있다. 그럼에도 불구하고 이 개념은 논리 전개에

● 우천식 외, 〈한국 경제·사회와 사회적 자본〉 제1장, KDI, 2007.

매우 유용하기 때문에 사회과학자들이 매우 선호하는 개념이다. 이제부터 신뢰와 법치(규범)는 사회적 자본이며 사회문화의 핵심 영역이라고 규정할 것이다. 사회적 네트워크는 사회 공동체 문제로 포괄하여 이 책의 마지막 부분에서 우리 사회의 실천 과제에서 집중 논의할 것이다. 필자는 결국 사회의 신뢰를 축적하고 법치를 실현하면서 사회문화를 선진화해야 지속적인 국가 발전이 가능하다는 논리가 성립된다고 생각한다.

사회문화를 바꾸는 일은 오랜 시간이 걸린다. 그러나 한국인들의 개방적이고 역동적인 품성과 진취적 열정이 방향을 찾으면 바로 점화할 수 있다고 믿는다. 지금 필요한 것은 열정의 불을 점화할 불씨이며 그 불씨를 키워나갈 행동에 나서는 일이다.

이 책은 사회 지도층과 시민이 따로 고민하지 말고 문제의식을 공유하며 할 수 있는 일을 하나하나 실천해보자는 취지로 썼다. 각자가 느끼는 문제의식, 우선순위, 해결방안 등은 조금씩 다를 수 있다. 그러나 누군가 나서서 문제를 제기하면 의견이 모아지고 각자 취할 행동의 방향도 정할 수 있을 것이다.

2

신뢰가 무너진 대한민국

왜 신뢰의
위기라 할까

영국의 위기 대응 방식

2017년 6월 14일, 영국 런던의 그렌펠 타워라는 아파트 전체가 화염에 뒤덮였다. 주민 223명이 구조되었으나 72명이 목숨을 잃은 제2차 세계대전 이래 영국에서 발생한 최악의 화재였다. 국민들이 충격에 빠진 가운데 화재 발생 다음날 테리사 메이 당시 영국 총리는 현장에 찾아가서 조사위원회를 구성해 철저히 조사하겠다고 발표했다. 2주 뒤 테리사 메이 총리는 은퇴한 판사 출신 마틴 무어-빅을 조사위원장으로 임명했다.

무어-빅 위원장은 조사위 활동을 개시하며 '사건의 실체에만 조사를 집중하겠다'는 원칙을 밝히고 정치·경제·사회적 차원의 문제는 고려하지 않겠다고 선언했다. 그는 조사위에 그렌펠 타워 주민을 포함시켜야 한다는 요구를 단호히 거부했다. 당사자인 주민이 포함되면 공정성에 영향을 미칠 수 있다는 이유에서였다. 또 전문가의 객관적이고 공정한 조사를 위해 감정 개입을 막겠다면서 유족과의 만남도 최소화했다. 조사위는 도시 계획 분야에서 34년간 공무원으로 일한 베테랑 전문가를 조사위 사무총장으로 임명하고 화재·건축·수사 등 각 분야에서 경험을 쌓은 29명의 전문가를 조사위원으로 임명했다. 이들은 2년간 105차례에 걸쳐 수많은 증언을 청취하고 현장 조사를 했다. 또한 모든 조사 과정은 홈페이지에 공개했다.

조사위원회가 2년에 걸쳐 조사활동을 진행한 후 1,000쪽에 달하는 1차 조사 보고서를 발표했다. 보고서는 철저하게 화재 원인과 방재 및 소방 구조 시스템의 문제를 전문적으로 파고들었다. 책임자 규명과 처벌 등 인적 책임은 1단계 조사에서는 우선순위에서 빠졌다. 2단계 조사까지 모두 완료된 이후에야 가능하다는 이유에서였다. 조사 과정에서 여야 간 정쟁이 벌어지거나 책임자 처벌 요구가 분출되지도 않았다. 그 기간 중 정부의 총리나 런던 시장에 대한 사임 요구도 없었다. 유족들도 이런 불행한 사건이 반복되지 않기 위해서는 철저한 원인 규명이 최우선 과제라는 인식을 갖고 조사 결과가 나올 때까지 기다렸다. 조사 보고서에는

● 위키피디아, 'Grenfell Tower Inquiry', 2020. 2. 4. 〈책임 추궁은 나중에… 원인 규명 앞세운 英 '그렌펠 참사' 보고서〉, 조선일보, 2019. 11. 1.

빌딩 규제의 허점과 소방관 훈련, 고층빌딩 대피 훈련 등 국가 가이드라인에서 개선할 점을 포함해 46가지 권고 사항도 담겼다. 철저한 원인 분석과 재발 방지에 역점을 둔 것이다.

조사 보고서가 나오자 생존자와 유가족으로 구성된 단체 '그렌펠 유나이티드'는 "오랫동안 결과를 기다려왔다. 진실을 위한 여정이 시작됐다는 자신감이 생겼다"고 성명을 냈다. 조사위를 신뢰하고 인내하며 기다려왔다는 입장을 밝혔다. 그렌펠 유나이티드의 공식 입장과는 별개로 일부 생존자는 "런던소방대 간부들을 해고하거나 처벌해야 한다"고 주장하기도 했다. 이에 대해 경찰은 "모든 조사가 마무리돼야 관련자들에 대한 기소가 이뤄질 것"이라며 거부했다.

조사위는 2020년 초부터 다시 2단계 조사를 진행해 2022년쯤 공식적인 조사를 마무리할 예정이다. 2단계 조사는 건물 설계의 문제점과 '왜 외벽에 가연성 소재를 사용했는지' 규명에 초점을 맞춘다. 또 그렌펠 타워가 위험하다는 사전 경고가 왜 무시되었는지도 파헤칠 계획이다. 조사위가 실체 규명에 집중하는 동안 영국 정부는 비슷한 참사가 다시 발생하지 않도록 대책을 수립하는 데 집중했다. 요컨대 정부 방침이 결정되자마자 신속하게 조사위원회를 구성하고 조사 방법과 처리 방향 등 구체적인 진행은 위원장에게 일임했다. 정부와 조사위원회가 서로를 신뢰했기 때문에 가능한 일이었다. 그래서 조사위는 일정대로 진행하고 종합보고서를 발표할 수 있었다.

세월호 침몰과 특별조사위원회

2014년 4월 16일, 인천에서 제주로 가던 여객선 세월호가 전남 진도 인근 해상에서 침몰한 사고가 발생했다. 전체 탑승자 476명 중 304명이 실종·사망한 초대형 참사였다. 세월호 침몰 사건은 한국 사회를 뒤흔든 엄청난 사건으로 이후 한국의 정치·경제·문화 등 거의 모든 영역에 심대한 영향을 끼쳤다. 희생자의 다수가 수학여행길에 오른 고등학생이었던 사건에 국민의 슬픔과 분노는 더 클 수밖에 없었다.

2014년 11월 19일, 국회는 진상조사를 위해 세월호조사특별법을 제정해 '416 세월호 참사 특별조사위원회(이하 특조위)'를 구성하게 했다. 세월호 침몰 사고의 진상을 규명하고 향후 안전사회 건설과 관련된 제도를 개선하고 피해자 지원 대책 업무 등을 수행하기 위한 목적이었다. 활동 기간은 1년이나, 필요시 한 차례에 한해 6개월을 연장할 수 있다고 법으로 규정되었다. 특조위의 위원은 국회가 선출하는 10명, 대법원장이 지명하는 2명, 대한변호사협회장이 지명하는 2명, 희생자가족대표회의에서 선출하는 3명, 총 17명으로 구성하도록 규정되었다. 또 국회가 선출하는 10명은 여당에서 5명을 추천하고, 그 외 교섭단체와 비교섭단체에서 5명을 추천하도록 복잡하게 규정되어 위원의 선임을 둘러싸고 여야 간 갈등이 빚어지기도 했다. 조사 대상 기관, 소요 예산, 조사 기간 등 세부사항에도 의견이 엇갈리며, 정부 관계 기관이 조사를 방해

한다는 의혹이 제기되어 실제 조사가 차질을 빚었다. 사고 조사를 맡은 특조위에는 그 분야의 최고 전문가를 위촉하고 전권을 부여해 사고 원인 조사, 책임자 규명 등 본질적인 이슈에 집중해야 했는데 위원 선임, 절차적인 문제 등에 발목 잡혀 정작 핵심적인 사안에 대해서는 소기의 성과를 내지 못했고, 결국 활동 기간 내에 법 규정에 따른 종합보고서를 제출하지 못했다.

한편 특조위와 별개로 검찰은 경찰과 함께 검경 합동 수사본부를 구성해 수사를 진행했다. 철저한 수사 끝에 2014년 10월 세월호의 침몰 원인은 화물 과적, 고박 불량, 무리한 선체 증축, 조타수의 운전 미숙 등이라고 발표됐다. 이후 2017년 3월 '세월호 선체조사위원회 특별법'이 합의되면서 세월호 선체조사위원회가 출범했고, 세월호의 인양 작업과 실종자 수습 및 수색이 이루어졌다. 특조위 활동이 마무리되고 나서 2018년에 사회적참사특별법이 제정되어 '가습기살균제 사건과 416 세월호 참사 특별조사위원회'가 다시 출범했다.

요약하면 세월호 참사와 관련해서는 검찰 수사 7회, 국회 국정조사, 감사원 감사, 해양안전심판원 조사, 특조위 1차 조사를 거쳐 2차 조사도 진행 중이다. 참사 직후 5개월 넘게 진행된 검찰 수사에서만 세월호 선사와 선원, 구조 해경, 해운업계 관계자까지 400여 명이 입건되고 150명이 넘게 구속 기소됐다. 재판 과정에서 선체 불법 증축과 평형수 부족, 부실한 화물 고정, 운전 미숙, 감독 소홀 등 참사를 야기한 원인들이 대거 드러났다. 그런데도 여러 의혹이 규명되지 않았다는 민원이 제기되며 아직도 뚜렷한 결론이 나지 않고 있다. 그러다 정권이 바뀌자 검찰이 2019년에 또다시 세월호 참사 특별수사단(특수단)을 구성해 수사를 계속하게 되었다.

선진국과 어떤 점이 다른가

앞서 살핀 영국과 한국의 조사위원회를 비교해보자. 우선 위원장과 위원이 갖는 권위와 신뢰에서 차이가 있다. 영국에서는 일단 위원장이나 위원으로 선출되고 나면 어떤 과정으로 추천되었는지에 관계없이 위원들이 각자의 양심과 소신, 규범에 따라 행동한다. 자신의 양심과 명예에 어긋나는 선택, 신뢰를 저버리는 행동은 하지 않는다. 시민들은 위원회가 객관적으로 판단하고 성실하게 행동하리라 믿고 신뢰한다. 위원회 역시 그런 신뢰를 저버리지 않도록 처신한다.

영국의 위원장은 정치적 영향에서 벗어나 오로지 자신의 책임 하에 조사할 권한을 받았고, 그 권한을 소신껏 행사했다. 위원장은 공정하고 객관적인 조사를 위해 주민 등 직접적인 이해당사자는 조사에 참여시키지 않겠다는 결정을 내렸다. 책임자 처벌 문제도 최종 조사 결과가 나오고 나서 검토한다는 입장이었다. 주민들은 조사위를 믿고 신뢰하며 객관적인 조사결과가 나오기를 2년 넘게 기다려주었다.

그런데 우리나라에서는 특별법의 근거를 갖고 설립된 특조위에 충분한 권위와 신뢰가 부여되지 않았다. 국회에서 여야가 추천한 위원들은 위원회 활동 과정에서 자신을 추천한 당의 입장, 가족이나 시민단체에서 제기하는 의견에 영향을 받았다. 위원장이나 위원으로 임명되고 나서도 위원 자신의 양심과 명예, 전문성에 따라 독립적으로 소임과 직분을 다하지 못했고 그렇게 하기도 어려웠다. 결과가 나올 때까지 위원들을 신뢰하며 기다려주는 문화도 없었다. 요컨대 '신뢰가 부족한 위원회'였다.

한국에서는 아무리 많은 조사가 진행되었다 하더라도 자기가 직접 참여하지 않았거나 자기 생각과 다른 결과가 나오면 불신하는 경우가 많다. 신뢰가 약해 남이 한 일은 잘 믿지 않는다. 피해 당사자들은 특조위에 계속 이의를 제기하고 새로운 조사를 요구한다. 다수의 인원으로 구성된 위원회 조직에서는 깊은 신뢰가 형성되어 있지 않으면 원활한 조사가 어렵고 결론을 내기도 힘든 구조이다. 그렌펠 타워 화재와 세월호 침몰은 사건의 성격이 달라 단순 비교는 어려울 수 있다. 여기에서는 그런 차이보다 문제에 대처하는 위원회 운영 방식의 차이, 신뢰와 규범에만 집중해 그 원인을 살펴보려 했다.

2008년 세계 금융위기를 겪은 후 미국이 만든 '금융위기 조사위원회'도 '독립적으로 운영되며 성과를 낸 위원회'의 사례다. 미국 의회는 세계 경제를 뒤흔든 금융위기의 원인을 규명하기 위해 관련 법을 제정하고 금융위기 조사위원회를 구성했다. 구성된 10명의 전문가 중 6명은 당시 여당이었던 민주당에서 추천한 인물이었고 4명은 야당이었던 공화당에서 추천한 인물이었다. 위원 중에는 상원의원, 하원의원 출신도 포함되었으나 대부분 주택·금융·기업 보호·투자 분야 전문가들이었다. 여야 간 합의를 통해 설치하고 운영하면서 의견 차이도 발생했지만 다수결에 의한 민주적 회의 진행으로 보고서를 완성했다. 소수 의견은 보고서에 따로 명시되었다. 위원회 권한을 최대한 행사하며 정해진 기간 내에 성과를 냈다는 점이 돋보인다.

이들은 1년 여에 걸쳐 700명 이상의 증인을 조사하고 19일 간의 청문회를 시행했으며 2011년 1월 27일, 576쪽의 방대한 조사보고서를 제출했다. 이 보고서는 '금융위기는 인간의 잘못된 행위와 무대책의 결과이지 불가피했던 재난은 아니었다'는 결론을 냈다. 위기의 징후가 여러 번 제기되었지만 정부의 책임 있는 위치에 있던 사람들이 책임감을 갖고 주어진 역할을 다하며 문제를 사전에 해결하려는 노력이 없어 발생한 인재人災라는 이야기였다. 결국 정부의 핵심 위치에 있는 사람들이 규범을 무시하고 신뢰를 저버린 것이 주된 원인이라는 것으로 집약된다.

또 다른 인상적인 독립적 기구 운영 사례로 미국의 공정거래위원회Federal Trade Commission, FTC를 들 수 있다. 공정거래위원회는 임기 7년을 부여 받은 위원 5명으로 구성된다. 위원장과 위원은 대통령이 지명, 상원의 인준을 받는다. 위원은 양당에서 추천하는데 견제와 균형을 위해 다수당이라도 위원 3명을 초과하여 추천할 수 없게 제도가 마련되어 있다. 일단 임명된 위원은 소속 정당이나 대통령으로부터 독립하여 자신의 양심에 따라 직분을 수행한다. 이렇게 권위와 신뢰를 스스로 구축해간다.

2015년, 미국 공정거래위원회가 창립 100주년을 맞이했을 때 당시 오바마 대통령이 위원회를 방문해 기념연설을 했다. 설립 이래 최초의 대통령 방문이라며 큰 의미가 부여됐고 정권이 바뀌고 나서도 위원회 홈페이지에 관련 동영상과 연설문이 게재되고 있다. 그동안 대통령으로부터 독립적으로 활동했다는 확실한 자부심의 증표로 읽힌다. '행정부처 중 하나'에 불과한 우리나라의 공정거래위원회와 확연히 비교된다.

신뢰란 무엇인가?

시장경제는 계약을 토대로 형성되며 계약은 거래 당사자 간의 신뢰를 기반으로 이루어진다. 계약을 체결하고도 그것이 성실하게 이행될 것이라는 신뢰가 없다면 원활한 거래가 거의 불가능해진다. 계약 당사자 간 신뢰가 높으면 서로 믿고 거래하게 되어 복잡한 법률 절차와 서류에 시간과 비용을 들이지 않아도 되므로 거래비용이 절약되고 불확실성이 줄어들어 경제 활동을 촉진한다. 개인적인 차원에서도 정치·경제 제도가 공정하게 작동한다는 신뢰가 있고 또 내가 열심히 일해 그 성과를 내가 제대로 확보할 수 있다는 믿음이 있으면 더 열심히 일하게 된다. '누구에게나 공평한 기회가 주어진다'는 제도에 대한 신뢰가 있어야 경제 활동 의욕을 키워주게 된다.

신뢰는 어떻게 만들어지는 것일까? 우선 사회 구성원들이 계약이나 공통의 규범을 서로 지키고 정직하게 행동할 것이라는 믿음이 있어야 한다.● 그런 믿음이 있으면 소속감을 느끼고 마음 편하게 생활하고 일할 여건이 만들어진다. '대다수의 사람들이 사회의 규범을 성실히 준수한다'는 믿음이 있으면 개인적으로는 이득이어도 사회에는 손실이 되는 일탈 행동을 자제하는 경향이 있다.

반대로 '다른 사람들이 사회 규범을 잘 지키지 않는다'고 믿게 되면 규범을 지키지 않는 선택을 할 가능성이 크다. 자기만 규칙을 지켜 손해 보고 싶지 않은 것이다. 특히 지도층이 규범을 지키지 않으면 신의가 바탕이 되는 신뢰 문화가 만들어지기 어렵다. 규범의 준수여부는 신뢰와 직결되어 있다. 즉 신뢰는 공통의 약속, 규범을 기반으로 한다는 것을 기억해야 한다.

우리의 과거 역사를 보면 조선의 지배층 양반들은 자신들이 만든 법령이나 향약 등 공동체규범을 잘 지키지 않으면서 평민들에게는 유난히 엄격하게 적용했다. 평민들은 공동체 구성원 모두가 규범을 지킨다거나 신의에 따른 행동을 할 것이라는 믿음을 가질 기회가 적었다. 상공업이 발달하지 못하여 민간에서의 계약 체결

● 프랜시스 후쿠야마, 구승회 옮김, 《트러스트》(한국경제신문, 1996).

과 이행 등 신뢰의 경험을 체득할 기회도 적었다. 현대에 와서도 정치인이나 부자 등 사회 지도층은 규범과 약속을 특히 중요시하거나 이를 지키는 데 모범을 보인다고 생각되지 않는다.

다시 정리해보면, 법령이나 사회 규범이 제대로 지켜지지 않으면 신뢰가 낮아 거래비용이 증가하고 생산성이 오르지 않는 반면 신뢰가 높은 사회에서는 거래비용이 적게 든다. 서로 믿고 거래하므로 서류나 확인절차 등이 간단해져 당연히 시간과 비용이 절약된다. 신뢰를 바탕으로 거래가 이루어지므로 더 신속하고 간편하게 활동할 수 있어 사회의 활력이 살아나고 경제 활동이 활성화된다. '신뢰 사회'는 조직의 하부를 믿고 권한을 위임하고 담당자에게 법적인 권한을 충분히 발휘하도록 허용하는 사회이다. 즉, 어떤 일을 일단 맡기게 되면 그 사람의 역량을 믿고 기다려준다. 그래야 각자 역량을 제대로 발휘하고 조직을 발전시키는 일이 가능해질 것이다.

우리는 신뢰의 전통이 약하고 서로 믿지 못하기 때문에 제대로 권한을 주지도 않고 기다려 주지도 않는다. 새로운 기관장이 임명되고 얼마 지나지 않아 본격적으로 일할 여유도 없이 성과가 없다고 비판하기 시작한다. 정권이 바뀌면 지난 정부의 정책을 폐기하고 성과를 깎아내리는 데 몰두한다. 지난 정부의 정책이 전혀 성과를 내지 못했다고 비판하는 당시 야당은 지난 정부가 그 정책을 제대로 실현하도록 협조했을까?

정책적 판단이 다르고 견제가 필요하더라도 임기 중에는 상호 신뢰를 바탕으로 일단 시행에 협조하고 나중에 비판하는 것이 옳은 자세일 것이다. 육상선수가 기록 달성을 위해 역주하고 있는데 길에다 자갈을 뿌리고 수시로 진로 방해하며 야유해놓고 나중에 "봐라. 기회를 주었는데 성과를 내지 못하지 않았냐"고 비판해도 되는 것인가? 비판을 하려 해도 제대로 기회를 주고 나서 비판하는 것이 페어플레이 정신이다.

우리 사회의 대표적 공동체가 '기업'이다. 기업에서 공정하게 대우를 받는다는 인식이 있으면 근로자의 사기가 오르고 생산성이 올라간다. 기업이 근로자들을 인간적으로 대우하지 않고 경영이 조금만 어려워지면 임금을 깎거나 해고할 것이라는 불신이 존재하면 근로자들이 열심히 일하기를 기대하기 어렵다. 경영 성과를 구성원 간 불공정하게 배분하는 것도 근로자의 신뢰를 저버리는 일이다. 경영이 어려워도 경영자가 상황을 정직하게 설명하고 솔선수범해 고통을 분담하면 근로자들도 상황을 이해하고 회사를 신뢰하며 고통 분담에 동참할 것이다. 노조 또한 자신들의 입장과 이익만 일방적으로 요구하지 않고 기업의 경영 상황을 이해하며 대화와 타협을 통해 상생의 길을 모색하는 자세가 필요하다.

결국 건실한 노사관계 실현 여부는 먼저 신뢰를 기반으로 규범을 지키며 성실한 대화를 이뤄내는 것이 핵심이라 생각한다. 신뢰와 규범은 항상 우리의 생활에 밀접하게 관련되어 있다. 문제는 어떻게 규범을 존중하며 신뢰를 높이는 문화를 만드느냐에 있다.

불신이 만연한 사회

옛날 스페인의 안달루시아 지방에 가난한 장님이 살았다. 전국을 떠돌며 구걸로 연명하며 살던 장님은 어느 해 포도밭 옆을 지나가다가 장님을 측은히 여긴 마음씨 좋은 농부에게 포도 한 송이를 받았다. 선물을 받은 장님은 길잡이 소년 라사로와 함께 길섶에 앉아 포도를 먹기 시작했다. 먹기에 앞서 두 사람은 서로 약속했다. "한 사람씩 교대로 먹되 한 번에 한 알씩 따 먹자." 약속대로 장님이 먼저 하나를 따 먹고 라자로도 한 알을 따 먹었다. 장님은 두 번째에는 약속을 어기고 두 알을 따갔다. 소년은 생각했다. '이 어른이 반칙을 하네. 그렇다면 나도 그렇게 해야지. 더구나 이 어른은 앞도 못 보니 내가 두 알을 먹어도 알 수가 없을 거야.'

실제로 소년이 두 알을 따 먹어도 장님은 아무 말도 하지 않았다. 그러자 소년은 더욱 꾀가 났다. 그래서 장님이 한 번에 두 알씩을 따 먹는 동안 소년은 마음 놓고 세 알씩 혹은 네 알씩을 먹었다. 포도는 순식간에 동이 나고 말았다. 장님이 라자로에게 말했다. "네가 나를 속였구나! 거짓말할 생각일랑 아예 하지 말거라. 날 속인 사실을 어떻게 알았는지 궁금하지? 내가 두 알을 따 먹었을 때 넌 내게 아무런 소리도 하지 않았어. 그게 바로 나를 속인 증거가 아니고 무엇이겠느냐!"●

● 서재경, 〈서재경의 경영 에세이〉, 머니투데이, 2003.

이 우화에서는 장님이 먼저 약속(규칙)을 어기고 신뢰를 깬 것이 문제의 발단이었다. 지도자가 신뢰를 깨고 규칙을 위반하면, 따르는 사람도 약속을 위반하게 되고, 결국 모두 다 불행진다는 교훈을 담은 우화다.

신뢰는 믿음에서 온다. '신뢰가 부족하다'는 것은 '서로를 믿지 못한다'는 것이고 서로가 공통의 약속, 규범을 지키리라고 믿지 못하는 데서 연유한다.˙ 플라톤은 소크라테스의 말을 빌어 각자가 사회에서 맡은 바 소임, 자신의 일을 잘 수행하는 것을 '정의'라 규정하고 각자 소임을 다하는 국가가 정의로운 국가라 했다. 각자 맡은 역할을 충실히 수행하는 것은 신뢰의 기반이자 정의의 기반이므로 매우 중요하다.

'규범'은 법령이나 규칙, 계약, 관행, 행동 규칙 등을 포괄하는 넓은 의미의 개념으로 사용된다. 법령은 사회에서 모두가 당연히 준수해야 하는 강행 규정이지만 당장 눈앞의 일상생활에서는 서로 지키기로 한 계약, 관행, 신의성실 원칙, 통상의 규칙 등이 규범으로서 행동의 지침이 된다. 사회적으로 형성된 행동 규칙이 더 적합한 표현일 것 같다. 우리 사회에는 법령이 아니더라도 직장이나 직책에 부과된 행동 규범, 계약 조항, 공동생활 규칙, 공적인 약속 등 본분을 반드시 지켜야 한다는 '규범 준수 의식'이나 '책임감' 문화가 제대로 형성되어 있지 못하다고 생각한다. 규범을 지키지 않

● 프랜시스 후쿠야마, 앞의 책.

는 사람이 많고 위반자에 대한 제재도 미약하니 위반해도 그다지 부담을 느끼지도 않는다. 규범의 준수와 제재에 대한 규율이 미흡하여 '적당주의', '온정주의'가 만연해 있다. 사회 규범 중 중요한 것은 법령으로 제도화되어 있는데 규범 준수 의식이 부족한 것이 '준법의식과 법치의 미흡'으로 나타난다.

제대로 지키지 않는 사람이 많으니 원칙대로 규범을 지키는 사람이 손해 본다는 의식이 많다. 서로에 대한 신뢰가 미흡하니 권한을 제대로 위임해주기 어렵고, 또 믿고 권한을 나눠주지 않으니 소신껏 일하기 어려워 더욱 신뢰가 쌓이지 않는 악순환이 되풀이된다. 크건 작건 우리가 어떤 조직에 참여한다는 것은 거기에서 정한 규칙, 규범을 지키며 성실하게 주어진 역할을 하겠다는 다짐의 표시이다. 중요한 책임을 맡은 사람은 책임자로서 그렇지 않은 구성원은 일반 구성원으로서 해야 할 역할과 책임이 있다. 모두 그런 규범을 지킨다는 데서 신뢰가 만들어진다. 그런데 책임을 외면하고 기대를 저버리면 신뢰가 무너지고 마는 것이다. 소신所信이란 '내가 믿고 생각하는 바'를 말한다. 누군가에게 어떤 책임을 맡기면 그가 소신껏 일하게 믿어야 한다. 책임을 맡은 사람은 그런 신뢰를 저버리지 않도록 정해진 규범을 지키며 성실히 소임을 다해야 한다. 그렇게 형성되는 것이 '신뢰 관계'이다.

왜 믿지 못할까?

국제정치학자 프랜시스 후쿠야마는 1995년에 《신뢰Trust》라는 유명한 책을 출간했다.* 이 책에서 그는 사회문화의 핵심 요소를 신뢰로 규정하고 국가의 발전은 한 사회가 갖고 있는 신뢰 수준에 의해 결정된다고 주장했다. 후쿠야마는 고신뢰 사회의 예로서 독일, 미국, 일본을 제시했고, 반면에 저신뢰 사회의 예로 이탈리아, 프랑스, 중국과 한국의 대기업을 들었다. 한국의 대기업은 일본의 기업과 많이 유사하지만 저신뢰 사회의 영향으로 혈연 가족 중심으로 운영되고 있다고 지적했다.

미국 기업에서 보스는 사장이 아니더라도 인사권을 갖고 각 부문의 의사결정을 책임지는 사람이다. 자기 지휘 하에 있는 사람을 채용하고 내보내고 보수를 결정하는 권한을 갖는다. 부하 직원에게 "당신 해고야"라는 말을 할 수 있는 권한이 주어진 사람이 보스이다. 신뢰에 기반하여 강력한 권한을 주는 대신 결과에 대하여 분명한 책임을 지게 한다. 신뢰 사회에서 권한과 책임은 함께 가는 것이다. 후쿠야마는 한국에서는 '기업 경영'에서 사람을 근본적으로 믿지 못하기 때문에 일부 대기업 그룹에 전문경영인보다 가족을 더 신뢰해 족벌경영, 가족경영 잔재가 남아 있다고 지적했다. 사실 일부 대기업에서는 경영자에게 권한을 적게 주어 소신껏 일

● '트러스트'라는 제목으로 국내 출간되었으나 논의의 일관성을 위해 여기서는 '신뢰'라고 표현한다.

할 여건을 만들어주지 않으면서 책임경영을 추구한다는 논리적으로 납득되지 않는 일이 벌어지기도 한다.

공공 분야도 다르지 않다. 신뢰 부족으로 군이나 경찰, 일선 관공서의 실무 공무원에게 재량권이 위임되지 않는다. 혹시라도 문제가 발생하면 "왜 그런 권한을 줘 문제를 일으켰느냐?" 같은 외부 질책을 받을까 미리 두려워하기 때문에 생겨난 결과다. 위임과 신뢰의 경험이 부족해 주어진 권한도 소신껏 행사하지 못한다. 그러니 권한과 책임이 함께 가지 않는다. 세월호 침몰 같이 긴급 재난이 발생해도 일선 책임자들이 현장에서 소신을 갖고 즉각 처리하지 못하고 상부에 보고하여 지침을 받느라 귀중한 시간을 허비한다. 각 단계별로 권한과 책임이 작고 명확하지 않으니 시간이 지체되고 제대로 된 의사결정이 어렵다.

학교 교육에서도 학교장이나 교사에게 신뢰와 권한은 주지 않고 책임만 묻는 경우가 더 많다. 소신껏 행동하려 하면 학부모가 "당신이 무슨 권한으로 그런 결정을 하느냐?"면서 승복하지 않고 시비한다. 학부모나 감독기관이 믿지 못해 일일이 간섭하고 잘잘못을 따지는 사례가 많다. 이런 면에서 선진국과 차이가 있다.

최근 심각한 문제가 되고 있는 학교폭력에 대처하기 위해 만들어진 학교폭력예방법은 초·중등학생에게 형법에 규정된 범죄 유형을 적용해 가해 학생을 처벌하는 데 중점을 두고 있다. 이로 인해 교육을 본질로 하는 학교 본연의 기능은 상실된다는 불만이 일고 있는 것도 그런 이유에서다. 학교 현장에서는 교사에게 지도

재량권을 부여하고 학교장 중심의 자체종결 권한을 부여하라고 지속적으로 요구해 왔다. 학교를 신뢰하라는 요구이다. 하지만 교육부는 교사에 대한 신뢰와 위임 원칙을 배제하고 학생지도가 아닌 신고 중심의 학교폭력 가이드라인 체제에 예속시켰다. "경미한 사안도 신고하지 않고 임의로 지도하거나 축소 은폐하면 징계 처벌하겠다는 강압적 지휘 체계만 고수했다."●

불신 국가여서는 안 된다

사회는 사람과 사람이 모여 사는 곳이다. 사람 간의 관계에서 서로 믿고 신뢰하면 사회가 더 원활히 돌아간다. 신뢰하고 같이하면 혼자서 활동하는 것보다 훨씬 더 좋은 결과를 만들어내는 시너지 효과를 내게 된다. 그것이 인간의 속성이다. 그런데 언제부터인지 한국인들은 사회에서 가족 이외에 다른 사람을 신뢰하지 않는 경향이 심해졌다. 호젓한 곳에서 낯선 사람을 만나면 불안해진다. 이웃 사람이나 일상생활에서 만나는 사람들을 신뢰하지 못하고 경계하거나 의심의 눈초리로 대한다. '신뢰'보다 '불신'의 정도가 갈수록 더 심화된다는 평을 듣는다.

사람들끼리 마음으로 신뢰하지 못하면 여러 복잡한 규정과 절

●〈돌아오라, 교육부! "교사 재량권 확대하는 교육 중심으로"〉, 에듀인뉴스, 2018. 11. 26.

차를 만들어 통제하려 한다. 같은 아파트 주민끼리 함께 엘리베이터를 타고 가면서도 서로 가벼운 인사를 하지 못하고 외면하거나 어색한 표정을 짓는다. 심지어 나에게 피해를 주지는 않을까 경계하는 경향도 있다. 층간 소음 문제로 분쟁이 자주 일어나고 이 때문에 복잡한 공동생활 규칙들이 만들어진다. 정부가 공동주택관리법과 공동주택분쟁조정위원회를 만들어 운영한다. 시민들 사이에 상호 신뢰가 없어 자치규범으로 해결할 일에도 정부가 관여하고 정부가 만든 공공규칙으로 통제받으려는 경향이 커진다. 어느 조직이나 사회에서도 신뢰가 적으면 관료적인 통제 규정이 늘어나고 그 결과 사회적 비용도 늘어난다.

앞서 검토한 '조사위원회' 활동에는 신뢰를 기반으로 독립성과 자율성을 부여해야 한다. 위원 선출과정에서 검증된 전문가를 선발하고, 일단 선출하여 임명하면 신뢰하며 권한과 자율성을 주어야 한다. 위원은 사회의 신뢰를 바탕으로 성실하게 규범을 지키며 양심과 전문 지식과 기술에 따라 소임을 다해야 한다. 그것이 신뢰를 구축하는 길이다. 해법은 알지만 누가 먼저 소신껏 행동하여 선례를 만들 것인가? '실천'이 문제이다.

프랑스의 사회학자 에밀 뒤르켐은 '자살'이 '사회 통합 여부'와 밀접하게 연결되어 있는 현상이라고 지적했다. 구성원이 사회에 통합되어 있지 않다고 느낄 때 크게 증가하는 사회적 현상이라는

● 로버트 퍼트넘, 《나 홀로 볼링》 p.540에서 인용.

의미이다. 그는 사회에서 구성원 간에 신뢰가 높고 잘 통합되어 있을 때는 자살이 잘 나타나지 않다가 사회 통합이 와해되어 정서적으로 수용되지 못하고 극단적인 소외감, 단절감을 느낄 때 자살이 급격히 늘어난다고 설명했다.

한국의 자살률은 OECD 36개 회원국 중 1위를 차지한다. 2010년부터 계속 감소세를 보여 왔으나 여전히 OECD 회원국 중에서 가장 높은 것으로 집계됐다. 통계청 자료에 따르면, 2018년을 기준으로 한국은 인구 10만 명당 자살로 인한 사망률(자살률)이 24.7명에 달한다. OECD 국가 평균 11.5명보다 2배 이상 높은 수치다. 우리 사회의 자살률이 OECD 최고 수준이라는 것은 그만큼 사회에서 포용이 부족하여 통합되지 못하고 서로 신뢰하지 않고 있다는 증거로 보아야 한다.

사기, 무고, 위증과 같은 범죄는 남을 속이거나 허위사실로 피해를 주는 이른바 '거짓말 범죄'라고 한다. 경찰에 접수된 거짓말 범죄는 2019년 47만 6,806건으로 2018년보다 12.9퍼센트, 2017년보다 24.6퍼센트 늘어났다.● 이런 거짓말 범죄는 서로 믿지 못하기 때문에 발생한다. 사회에서 갈등이 커지고 신뢰가 무너지면서 갈수록 늘어나는 추세인데, 구성원 간 이견이나 비판을 거짓말로 몰아가는 현상도 나타나고 있다. 왜 한국에 거짓말 범죄가 만연할까? 서로 믿지 못하는 데다가 거짓말에 대한 사회적 처벌이 약한

●〈무너지는 신뢰 자본… 거짓말 범죄 판친다〉, 한국경제신문, 2020. 10. 16.

사회 풍토도 문제다. 거짓말을 무거운 죄로 여기는 서양 문화에
비해 거짓말에 관대한 한국 문화의 단면이다. 신뢰 사회의 출발은
'거짓말을 하지 않는 것'이다.

디지털 시대의 확증편향

디지털 시대는 정보화 시대라고 일컬어질 만큼 쏟아지는 정보
의 양이 방대하고 이를 처리하는 데 디지털 기술과 디지털 네트워
크가 중요한 역할을 한다. 미국에서는 인구의 3분의 2 정도가 소
셜 미디어로 뉴스를 읽는다고 할 정도로 디지털 콘텐츠 의존도가
높다.[*] 디지털 기술이 눈부시게 발전하면서 복잡한 알고리즘을 활
용한 기술에 정보 처리를 의존하게 됐다.

구글에서 인터넷 서비스를 실행하는 데 20억 개 이상의 명령
행이 필요하다고 한다. 이렇게 복잡하고 방대한 알고리즘을 보통
사람이 이해하는 것은 불가능하다. 그래서 정보를 제공하는 디지
털 플랫폼의 알고리즘이 처리하는데, 이러한 알고리즘은 사용자
의 데이터를 분석해 사용자가 무엇에 가장 민감하게 반응하는지
찾아내서 사용자가 반응할 만한 정보를 더 많이 제공한다. 그래서
디지털 체제에서는 한번 자신이 좋아하는 정보를 접속하게 되면

---

[*] 레이첼 보츠먼, 문희경 옮김, 《신뢰 이동》(흐름출판, 2019), p.86.

알고리즘에 의해 다음부터 그와 유사한 정보가 집중적으로 수집되어 제공된다. 점차 이용자의 성향에 맞는 정보만 취사선택(동종선호Homophily)하면서 자신의 기존 신념을 더욱 강화하는 경향, '확증편향'이 생기게 된다.

대표적인 예로 유튜브에서 어떤 진보 진영의 정보를 검색하고 난 다음부터는 계속해서 진보 진영과 관련 있는 정보가 우선적으로 제공되는 현상을 들 수 있다. 이용자는 점차 '많은 사람들이 이렇게 생각하는구나, 이런 정보가 진실이구나'라는 착각에 빠지면서 자신의 진보적인 생각을 더 강화하게 된다. 보수 진영에서도 같은 현상이 나타난다. SNS에 존재하는 '메아리 방Echo Chamber 효과'는 닫힌 방 안에서 같은 취향을 가진 사람들의 이야기만 듣다 보면 그것이 진실이라고 믿게 되는 현상이다. 결국 자신의 생각과 유사한 정보만을 보고 믿으면서 생각을 강화하는 확증편향이 심화되는 과정이다.

디지털 시대에서는 진실과 거짓의 구분이 어려워지고 의도적인 거짓말, 가짜뉴스가 범람하기 쉽다. 진짜뉴스보다 가짜뉴스를 더 앞에, 잘 보이게 배치하여 제공하면 관심은 쉽게 가짜뉴스에 쏠리게 된다. 많이 접하고 익숙해진 정보를 더 믿게 되는 확증편향의 영향으로 갈수록 선호하는 정보만 취득하고 주어진 정보를 너무 쉽게 믿어 버리는 성향이 강화된다. 가짜뉴스의 확산은 편 가르기가 심화되는 요인으로 작용한다. 정치인들이 의도적으로 사이버 도구를 통해 가짜뉴스를 전파하거나 해킹해 상대방의 정보를 몰래 빼돌리고 조작하면 선거 결과에 심각한 왜곡을 초래할 수도 있을 것이다.

가짜 민주주의가 온다

예일대의 역사학자 티머시 스나이더 교수는 《가짜민주주의가 온다The Road To Unfreedom》라는 책에서 사이버 정보 조작이 초래하는 민주주의 위기 문제를 심도 있게 분석했다. 그의 분석에 따르면 러시아는 사이버조직 IRAInternet Research Agency를 만들어 미국과 유럽을 대상으로 삼은 사이버전을 준비했다. 이들의 첫 번째 공작 대상은 2014년 러시아의 우크라이나 침공이었다. 러시아군이 우크라이나를 침공했는데도 러시아 텔레비전과 사이버 도구를 통해 러시아 군이 직접 침공했다는 사실, 전투 피해 상황 등이 왜곡되어 전 세계에 조작된 정보와 가짜뉴스가 전파되었다. 심지어 러시아 군대에서 전사자가 발생했을 때도 러시아의 자국 피해자 가족에게 어디에서 어떤 사유로 사망했는지는 전해지지 않았고 훈련 중 부대에서 사망했다고만 전달되었다.

러시아는 이러한 사이버 정보 조작 기술을 영국의 브렉시트 국민투표에도 동원했다고 한다. 러시아의 인터넷 트롤과 트위터 봇을 통해 수백만 개의 메시지를 발송하는 프로그램들이 영국의 '유럽연합 탈퇴' 캠페인을 대대적으로 지원하는 활동을 벌였다. 브렉시트에 관한 글을 게시한 트위터 계정 419개가 러시아의 사이버 조직 IRA에 기반한 것이었다. 트위터에서 진행된 브렉시트 논의의 3분의 1정도가 러시아 봇에 의해 작성되었다. 국민투표 당시 영국인들은 자신들이 이렇게 러시아에서 유포된 정보를 읽고 있다는 사실을 전혀 몰랐다는 것이다.

2016년 미국의 대통령 선거는 러시아의 사이버 공작이 대거 동원되어 트럼프의 당선을 지원한 사례로 알려졌다. 러시아의 사이버 조직 IRA는 페이스북 페이지 470개를 미국 정치 단체가 만든 것처럼 위장했다. 이들이 페이스북에 올린 컨텐츠는 3억 4,000만 개의 '공유'를 받았고, 미국인 투표자 1억 3,700만 명 중에서 1억 2,600만 명이 러시아 콘텐츠를 본 것으로 파악되었다. 러시아 사이버 봇은 힐러리 클린턴을 인종주의자로 묘사하는 등 부정적인 내용을 퍼트리고 트럼프의 트윗을 대거 리트윗하거나 트럼프를 지원하는 정보를 전파했다. 선거 후 트위터는 러시아 봇 5만 개를 찾아냈고 트위터 계정 3,814개가 러시아의 IRA에서 가동한 것임을 인정하고 이들이 140만 미국인들에게 영향을 미친 것을 확인했다. 러시아가 약 300만 개의 트윗을 보냈다는 기록이 나중에 알려졌다.[•]

이렇게 러시아의 사이버 조작은 후보자의 이미지, 유권자의 선택, 투표 참여 여부 등 미국 유권자의 생각에 광범위하게 영향을

● 티머시 스나이더, 유강은 옮김, 《가짜 민주주의가 온다》(부키, 2019), pp.300-311.

끼쳤다. 러시아의 푸틴 대통령은 2017년 러시아의 해커들이 미국 대통령 선거에서 어떤 역할을 했을 것이라고 말했다. 국가 차원의 개입은 부정했지만 "애국적인 개인 해커들이라면 러시아 국익에 반대되는 후보에게 불리한 활동에 기여했다"고 인정한 것이다.[●]

스나이더 교수는 러시아 정보 조작의 핵심 홍보전문가로 블라디슬라프 수르코프라는 인물을 언급했다. 수르코프는 푸틴을 옐친 대통령의 후계자로 올리기 위해 체첸 전쟁을 조작해 푸틴을 영웅으로 부각하는 공작을 주도했다. 그는 현실과 거짓이 뒤섞인 포스트모더니즘 세계관을 토대로 진짜와 가짜를 마구 뒤섞는 홍보 전술을 사용했다. 이런 조작된 홍보 전술로 진실과 거짓을 혼동하게 만들어 국민들로 하여금 '어차피 세상에 진실 같은 것은 없다'고 믿게 하거나 정치적 염증, 무관심을 갖도록 만들었다.

2020년 미국 대선에서는 앞선 선거의 경험과 우려를 반영해 미국 정보기관이 러시아와 중국 등에 개입하지 말도록 경고했고 비상 대비 체제를 가동했으며, 페이스북, 트위터, 유튜브는 조작된 정보, 허위 계정 검열과 가짜뉴스 차단에 주력했다. 컬럼비아 대학 연구에 의하면 통상 트위터에 공유된 링크의 60퍼센트 정도가 클릭도 하지 않은 채(내용을 파악하지 않고) 공유되어 빠르게 전파된다고 한다. 또한 사람들이 기사를 읽기보다 공유하고 싶어 한다는 성향이 있다면서 "사람들은 자세히 알아보려 하지 않고 요약이나

● 〈뉴욕타임스〉 2017년 7월 1일 기사를 참조했다.

요약의 요약만 보고 자기 의견을 정한다"라고 분석한다. 우리는 나도 모르는 사이에 정보에 편중되고 확증편향 문제에 쉽게 노출된다. 이는 신뢰의 기반이 과거와는 달라지고 있으므로 새로운 시대에 맞게 신뢰 관계를 다양화해야 한다는 점을 시사한다.

신뢰 전문가로 널리 알려져 있는 레이첼 보츠먼은 신뢰의 위기를 다른 전문가들과는 다르게 분석한다. 대부분의 전문가가 "현대에는 신뢰가 약화되어 위기"라고 진단하는 반면 보츠먼은 "신뢰가 약화된 것이 아니라 신뢰가 종전과 다른 방향으로 이동하고 있다"고 주장한다. 자신의 저서 《신뢰 이동》에서 종전에는 지역이나 제도 중심으로 형성되었던 신뢰의 대상이 디지털 시대에는 수평적으로 분산되어 사람들과 플랫폼으로 이동한다고 분석했다. 지역적 신뢰는 '모두가 서로를 아는 소규모 지역 공동체에서 살던 시대'의 사적 신뢰다. 제도적 신뢰는 정부, 미디어, 기업, 비정부기관 등 제도에 대한 공적 신뢰다. 디지털 시대에는 정부, 미디어 등 제도적 신뢰가 약화되고 소셜 미디어를 통해 접속하는 개인, 회원, 동료 같은 사람들과 매개하는 기술로 신뢰의 대상이 이동한다고 보츠먼은 설명한다. '디지털 도구에 의한 신뢰'가 확대된 것이다.

중국 사회에서는 오랜 기간 사람들 간의 관계關係(중국어로 '관시')를 대단히 중시해왔다. 중국에서는 적절한 관시와 신뢰가 없으면 사업 추진이 어렵다. 이런 문화 속에서 사람과 사람 간의 직접적인 관계가 아니라 인터넷을 통한 신뢰 관계에 집중해 세계적인 돌풍을 일으킨 기업이 바로 '알리바바'다. 알리바바의 창업자 마윈은

입버릇처럼 신뢰를 강조했다. "반드시 신뢰를 얻어야 합니다. 신뢰하면 모든 것이 단순해집니다. 신뢰하지 않으면 모든 것이 복잡해집니다."

알리바바가 개설한 온라인 결제 시스템 알리페이는 이용자들이 알리바바를 신뢰해야 작동할 수 있는 사업 구조다. 알리페이에서는 판매자와 구매자 간에 직접 결제가 이루어지지 않고 모두 알리페이를 통해 결제된다. 구매자의 결제대금을 제3자인 알리페이의 에스크로 계정에 예치하고 있다가 구매자가 배송이 정상적으로 완료되었다고 확인하면 비로소 판매자에게 지급하는 방식이다. 이러한 결제 방식은 구매자와 판매자가 개인적인 친분이 없어도 인터넷 매체인 알리페이를 신뢰하고 거래하게 함으로써 결제와 관련된 불확실성을 줄이고 상거래를 대폭 활성화할 수 있었다.

알리바바는 고객의 신뢰 유지가 사업의 핵심이라는 확신을 갖고 신뢰를 확립하기 위해 모든 노력을 기울였다. 2011년 신뢰를 깨뜨리는 부정행위가 발생하자 마윈 회장은 당시 CEO를 포함한 관련자 전원을 해고해 엄중하게 책임을 물었다. 알리바바는 그러한 노력을 기반으로 고객의 신뢰를 쌓으며 중국 최대 소매업체로 성장했다.

교수 사회에서 '무너진 신뢰'의 사례

2019년 한국 사회는 한 장관 후보자의 인사 청문회 과정에서 엄청난 진통을 겪었다. 그는 수많은 공직 후보자 중 한 명에 불과했지만 그의 장관 지명은 가히 쓰나미 급 사회적 논란을 일으켰다. 그는 교수로 재직하면서 진보 진영의 핵심 논객으로 소셜 미디어를 통해 '정의와 공정'의 가치를 줄기차게 주장한 인물이다. SNS를 통해 지난 정권, 정치인, 재벌, 사회 지도층의 특권과 불법·편법 행태를 신랄하게 비판했다. 그랬던 사람이 자녀들의 입학을 위해서 교수로서의 우월한 지위와 인맥을 활용해 편법을 자행하고, 부도덕·불공정 행위를 저질렀다는 의혹이 국회 인사 청문회 과정에서 지적되었다.

가장 충격적인 일은 딸이 고등학교 1학년 때 2주의 짧은 인턴 기간에 썼다는 의학 논문이 그 고교생을 제1저자로 하여 의학 분야 전문 학술지에 등재된 일이었다. 상식적으로 불가능한 이런 일이 어떻게 일어났으며, '불공정한 특혜'라며 여론이 들끓었다. 결국 대한병리학회는 해당 논문을 등록 취소했다.

가짜 인턴증명서가 왜 '신뢰 문제'가 되는가? 그동안 대학 교수들은 본인 또는 친분 있는 사람의 자녀에게 소속 대학의 연구소나 법률사무소, 회계법인 등에서 인턴 활동할 기회를 제공해서 대학 입시에 중요한 스펙의 하나로 활용하게 했다. 이런 스펙이 학생부 종합 전형 위주의 대학 입시에서 좋은 성과를 내왔기 때문에 아예

'스펙계'를 결성해 회원끼리 서로 품앗이하듯이 상부상조하기도 했다고 한다.

이런 인턴 기회는 부모의 인맥이 없는 보통 학생들은 좀처럼 얻을 수 없는 특혜이다. 여기에서 1차적인 기회의 불공정 문제가 생긴다. 더 심각한 문제는 인턴 제도가 제대로 운영되지 않은 채 허위로 증명서만 발급해주는 신뢰와 규범 위반 사례가 많다는 것이다. 인턴 기간을 실제보다 늘려 기재한다든지 아예 실행하지도 않은 인턴을 실제 시행한 것처럼 위장해서 증명서를 발급해주는 것이 그런 경우이다.

2020년도 아카데미 영화제에서 4개 부문의 상을 받은 〈기생충〉에도 가짜 재학증명서를 만드는 장면이 나온다. 가짜 재학증명서를 만든 주인공의 아버지는 감탄하며 "서울대에 문서위조학과 뭐 이런거 없냐?"라고 한다. 영화이긴 하나 아버지가 범죄 행위를 저지르는 아들에게 아무렇지도 않게 그런 말을 하는 것이 우리 사회의 단면을 보여주는 것 같아 씁쓸했다.

앞의 교수 사례에는 많은 문제가 내재되어 있지만 이 책의 주제와 관련지어 보면 지도층 인사들의 '규범 위반'과 '신뢰 저해' 행위가 가장 심각한 문제라고 지적하고 싶다. 인턴을 의뢰받은 교수는 최소한 인턴 활동을 제대로 시키고 그 결과를 제대로 평가한 활동증명서를 발급했어야 했다. 인턴 기간을 조작하거나 활동 실적을 과도하게 부풀리고 가짜증명서를 발행하는 것은 교수에게 부과된 사회적 규범(교수 윤리), 직분을 준수하지 않은 신뢰 위반의 문제다. 교수사회에 작용하는 윤리 규범은 교수에게 인턴을 운영할 권한을 주지만 그 대신 인턴을 제대로 시행하도록 감독하고 그 실적을 평가하여 인턴증명서를 발급하라는 것이다.

교수는 우리 사회에서 성직자와 함께 가장 존중받는 직업군 중 하나이다. 사회에는 교수라는 최고 권위의 타이틀을 신뢰하며 교수는 학자적 양심과 인격에 따라 규범을 준수하며 성실하게 직분을 수행할 것이라는 믿음이 존재한다. 그런데 교수가 주어진 재량권을 악용해 신의성실의 원칙에서 벗어나는 행위를 한 것은 명백한 신뢰 위반이며 반칙이다. 더구나 이들은 규범 위반에 대한 죄의식도 없었다. 위법 여부는 또 다른 차원의 문제다.

이런 사태에 직면해 국민은 두 편으로 갈라져 극심한 갈등을 겪었다. 일부 좌파 진보 인사들은 "당시 누구나 경험했던 관행이다. 그런 행태에는 보수나 진보 진영 누구도 자유롭지 않은 일인데 이 건에 대해서만 유독 엄격하게 책임을 묻는 것은 불공평하다"고 두둔했다. 즉, 옹호하는 진영은 "다른 사람도 그랬는데 이번만 왜 그리 심하게 구는가?"라고 항변했다. 비판하는 진영은 "누구나 향유했던 관행이라 할 수 없고 특정 인사들이 과도하게 반칙을 자행한 것이다. 더구나 쉴 새 없이 '공정과 정의'를 주장하던 인사, 남의 불공정에 대해서는 신랄하게 비판하던 사람이 다른 사람보다 더 불공정과 반칙을 자행한 것이 문제이다"라고 지적했다.

이 사태의 본질은 지도층이 사회 규범을 준수하지 않고 신뢰를 위반해온 실상에 대한 폭로, 그에 대한 국민적 분노의 표출에 있다. 그동안 지도층이 자신에게 부여된 책무, 규범을 경시하고 신뢰를 너무 쉽게 저버리는 행태를 반복했고 그것이 적나라하게 드러나면서 국민에게 충격을 안긴 사례라고 본다. 자신의 사회적 명예와 전문성, 권위, 윤리 지키기가 지식인의 규범이 되어야 한다.

이런 일이 발생해도 통상 있었던 관행이라며 너무 쉽게 넘어가는 태도는 더 문제이다. 나쁜 관행이 쌓여서 '이제는 아무렇지도 않다'는 인식이 정착되지 않을까 우려된다. 더구나 그런 관행이 최고의 지성인이라는 교수와 대학 사회에서 자행되었다는 데 문제의 심각성이 있다. 그것을 보수와 진보의 진영 싸움, 여당과 야당 간 정치 투쟁으로 치부하고 넘어가서는 안 된다. 이 사례를 사회적 차원의 반성 기회로 삼아 진지하게 토론하고 성찰하며 교훈을 얻는 계기로 활용하는 것이 좋겠다.

저신뢰 사회,
이제는 달라져야 한다

일본은 어떻게 신뢰 사회를 만들었을까?

경제학자 존 파월슨은 권력의 분산 여부야말로 한 국가가 좋은 제도를 만들어 발전해나가는 데 가장 중요한 요인이라고 지적한다.[●] 그래서 선진 민주주의 국가에서는 삼권 분립 같은 권력의 분산, 견제와 균형을 국가 운영의 핵심 원리로 채택했다. 권력의 분산은 권한의 위임과 상호 견제를 가능하게 했고 위임자와 피위임자 간에 신뢰의 경험을 쌓도록 기여했다. 동양에서 일본이 다른 국가에 앞서 신뢰 사회를 구축한 것은 역사적으로 권력분산형 제도를 채택한 결과이다.

● 존 파월슨, 권기대 옮김, 《부와 빈곤의 역사》(나남출판, 2007).

일본에서 지방 분권제의 역사는 오래되었지만 17세기 에도시대에 중앙 정부의 권력이 지방으로 이양되어 봉건형 분권제가 본격적으로 확립되었다고 할 수 있다. 다이묘(지방 영주)에게 관할 지방의 지배권을 위임하고 병농분리 정책을 시행하면서 도시와 농촌이 분리되었다. 무사와 상공업자는 도시에, 농촌에는 농민들만 거주하는 정책을 시행함으로써 농촌과 도시는 직업적으로 분화된 공동체를 형성했다.[●]

농촌의 농민들은 자립형 촌락 공동체, '소손惣村'에 소속되어 과도한 부담이긴 했으나 정부에서 부과한 조세를 납부하기만 하면 그다음에는 자율이 보장된다는 것을 체험했다. 농민들은 용수관리, 퇴비 확보, 모내기, 추수 등 공동 작업을 위해 자치적인 공동체를 만들고 자율 규약을 제정했다. 이 자율 규약을 위반하여 공동 작업 태만, 범죄 등 신뢰를 위반하는 행위를 할 경우, 농민들이 자율적으로 집단 따돌림이나 추방 등 직접 제재를 가했다. 특히 공동체의 일원에서 배척되는 '따돌림'이 가장 무거운 제재였다. 마을 내에서 농민들은 서로 신뢰하며 협력했고 그러한 신뢰 유지가 나에게 도움이 된다는 것을 체감했다. 일본 농촌은 이렇게 공동체를 토대로 신뢰 사회를 형성해갔다.

도시에서는 상인들이 영업상 각종 권리를 지키기 위해 동업조

● 일본의 역사는 주로 다음의 문헌을 참조했다. 아사오 나오히로 외 엮음, 연민수 외 옮김, 《새로 쓴 일본사》(창비, 2003).

합 ‘나카마仲間’를 결성했다. 정부에 영업세를 납부하고 독점권을 공인받은 나카마는 부정행위를 저지른 상인을 규제하는 자체 규약을 제정하여 엄격하게 시행했다. 1741년에 제정된 오사카 소금 돈야(도매상) 나카마 규정의 운영 사례를 보자.[*] “돈야로부터 소금을 구입하는 중개인 중에서 대금에 관한 부정을 저지른 자가 있을 경우에는 돈야 나카마의 모든 구성원이 부정행위를 저지른 중개인과 일체 상거래를 해서는 안 된다.” 상대방의 부정행위로 피해를 입은 당사자는 그 사실을 나카마에 보고하고 나카마는 이런 사실을 모든 구성원들에게 알려 부정행위자를 제재하도록 규정했다. 이렇게 나카마 공동체 내에서 상인들은 규약을 자율 준수하고 상호 신뢰하는 문화를 만들어갔다. 규약을 만들고 운영하는 주체는 정부가 아닌 상인들이었다. 위반자는 동업자들로부터 따돌림을 당하거나 거래에서 불이익을 받았다. 공동체 내에서 상인들은 서로 신뢰하며 협력하는 것, 즉 규약을 준수하는 것이 위반하는 것보다 훨씬 더 유리하다는 경험을 쌓아갔다. 상인공동체 내에서의 신뢰 관계도 이렇게 형성되었다.

세습되는 지방 영주들은 농민들을 통제로 지배하는 것보다 어느 정도 자율 권한을 주는 것, 즉 조세 납부 의무를 다하는 범위에서는 적절한 자율권을 인정하는 것이 더 낫다고 판단했다. 영주는 특별한 사정이 없는 한 자손에게 그 지위를 세습할 수 있었고, 자

● 오카자와 데쓰지, 이창민 옮김, 《제도와 조직의 경제사》(한울, 2017). P.136.

기 관할 영지의 농업과 상공업이 발달하여 경제력과 부가 축적되면 결국 자신의 권력이 상화된다는 주인의식이 있다. 관할 지방의 경제력 향상은 우선적으로 영주에게 이익이었다.

분권형 영주가 지역사회의 경제 성장에 더 기여할 수 있다는 사실은 경제학자 맨슈어 올슨의 모델을 적용해 설명할 수도 있다. 멘슈어 올슨 교수는 착취하는 봉건 영주의 유형을 '정주형 도적Stationary Bandit'과 '유랑형 도적Roving Bandit'의 두 유형으로 구분하고, 정주형 도적이 장기적으로는 주민들에게 더 환영받는다는 이론을 정립했다.[*] 근대 이전 지방 영주들은 대개 주민을 착취했지만 그 유형에 따라 주민에게 미치는 영향이 달랐다.

정주형 도적은 그 지역에 정착하여 거주하면서 먼 장래까지 착취할 총이익을 극대화하기 위해 그 지역의 사회간접자본에 투자하고 범죄와 전염병 예방 정책 등을 통해 생산을 장려한다. 반면 유랑형 도적은 일시에 들이닥쳐 한 번에 모든 것을 착취해 도망가 버린다. 그러니 착취당하는 주민들 입장에서는 차라리 정주형 도적이 유랑형 도적보다 더 낫다는 것이다. 실제 장기적인 안목에서 권력을 분산하고 어느 정도의 자율성을 인정한 정주형 도적이 착취하는 총이익은 유랑형 도적이 취하는 총이익보다 장기적으로 더 크다는 것이 올슨 이론의 핵심이다. 일본의 지방 영주들은 정주형 도적과 같이 장기적인 이득을 극대화하는 전략을 취했다고

● 맨슈어 올슨, 최광 옮김, 《지배권력과 경제번영》(나남출판, 2010).

볼 수 있을 것이다.

후쿠야마는 에도시대 초기부터 약화된 가족제도 또한 신뢰 기반을 구축하는 데 기여했다고 보았다. 신뢰에 기반한 '이에家' 체제에서는 친족이 아닌 사람도 쉽게 입양되어 성을 부여 받고 가족과 같이 재산을 상속받을 수 있었으며 가족 무덤에 묻힐 수 있었다. 혈연보다 사람 간의 신뢰를 중시하는 문화가 만들어지는 과정이었다. 18세기 무렵 오사카 상인들은 자신의 사업을 자식에게는 물려주지 말자는 협정도 만들었다.

'이에모토宗家'는 전통 공예, 무예 등 특수 집단에서 가족과 유사한 집단의 우두머리를 말하는데 혈연관계는 아니지만 가족과 같은 결사체를 이룬다. 이에모토의 권력은 가족관계에서와 같이 위계적이며 가족적이다. 이 공동체에는 누구나 참여할 수 있지만 일단 참여하면 도덕적 책임을 져야 하는 관계다. 혈족관계도 아니고 법적인 의무도 없지만 상호 간 도덕적 의무는 공동체 내에서 엄격하게 지켜지는, 신뢰에 기반한 조직 형태이다.

조선 지배층의 특권 형성 역사에 대하여

우리 민족은 역사적으로 농경 위주의 공동체 문화를 발전시켜 왔다. 또 '우리 가족', '우리나라' 등 '나'보다는 공동체를 강조하는 '우리'를 내세우는 민족이기도 하다. 가장 굳건한 공동체가 가족공동체임은 말할 것도 없지만 한국인의 가족사랑은 유별나다는 평을 받는다. 그만큼 가족공동체가 발달해 있고, 다음으로 친족공동체도 형성되어 있다. 농사를 지으며 형성된 마을 단위의 '두레'와 같은 지역공동체도 중요한 역할을 했다. 삼한시대부터 형성된 '두레'는 마을에서 공동으로 농사를 짓는 조직을 말한다.

경제사학자들은 고려시대까지는 지역공동체에 기반을 둔 끈끈한 사회였다고 분석한다. 고려의 수도인 개성에는 왕과 귀족, 관료와 중앙군이 지배공동체를 이루어 거주하면서 지방 군현의 농촌공동체를 지배하는 체제였다. 고려시대에 신분제가 시행되었으나 하층민의 정치적 진출 등 신분 이동도 활발했고 개방적이고 다원적인 문화의 영향으로 대체로 잘 통합된 농촌공동체를 이루어 서로 신뢰하며 생활했다. 향·소·부곡 등 특수 행정구역에는 전문적인 기능에 종사하는 하층민들이 함께 모여 살며 도자기, 먹, 소금, 종이의 생산에 종사하거나 사원과 왕실의 토지를 경작했다.

그러나 조선에서 신분제가 강화되면서 지역공동체는 사실상 해체되는 길을 걸었다. 고려의 하층민들이 모여 살던 향·소·부곡이 모두 해체되면서 일반 군현으로 편입되었고 농민들과 함께 거주하게 되었다. 이때 개별 인민을 양반과 상민, 노비로 구분하는 신분 질서가 형성되고 조선 중기부터는 반상제로 변형되었다. 또한 양반 사족에게 토지가 집중되는 사회구조 변화가 일어났다. 이렇게 엄격하게 신분이 나뉘고 토지 소유 규모에서 격차가 커지자 농번기에 상부상조 정신으로 공동작업을 담당하던 두레가 더 이상 협동조직의 역할을 하지 못하게 되었다.

엄격한 신분 질서 속에서 두레는 신분이 높고 토지도 많은 양반들의 농사를 위해 하층 농민들의 노동력을 강제로 동원하는 수단이 되었다. 양반이 주로 이익을 보고 농민은 의무만 지는 구조에서는 구성원 간 상부상조하는 공동체로서의 의미를 더 이상 갖기 어려웠다. 농촌에서 함께 거주하는 주민들 사이에는 양반과 상민이라는 엄격한 신분에 의해 대립·갈등이 발생했고, 더 이상 사회에서 끈끈한 지역공동체가 유지되기 어려웠다.[•]

근대 이전의 국가에서는 대개 지배층이 특권을 독점하고 피지배층을 착취하는 구조였다. 정도와 방법에는 차이가 있었으나 동양이나 서양이나 착취구조였다는 공통점이 있었다. 그런데 조선의 신분제, 노비제는 지배층의 노블레스 오블리주가 없이 유달리 착취적이었다는 특징이 있다. 외국인 전쟁 포로도 아니고 중범죄자도 아닌 동족 인민의 3~4할을 노비로 엮어 세습시키는 조선의 신분 제도는 특히 착취적이었다. 조선의 양반 지배층은 자신들을 일반 피지배 계층과 차별화하고 그들과는 다른 특권을 만들어가기 위해 오랜 기간 집요하게 노력했다. 지배층의 특권이 관련 법제도 변경으로 한꺼번에 만들어진 것이 아니라 예외적인 면제 조치를 하나하나 축적해가면서 형성했다는 데 주목해야 한다. 이것이 민본民本을 국가의 이념으로 내세우고 도덕정치를 표방했던 조

• 이영훈, 《한국 경제사1》(일조각, 2016).

선에서 대의명분을 가장 중시했던 양반 사대부들이 조성한 착취적 관행이고 문화였다.

조선의 군역제도는 모든 양인들에게 병역의무를 부과하는 제도, 즉 현대적인 용어로 양인 개병제였다. 16세에서 60세 이하의 남자에게는 병역의무가 법적으로 규정되어 있었다. 예외적으로 현직 관리와 재학 중인 학생은 그 기간에 한해 병역 의무가 면제되었다. 법적으로는 왕족과 현직 고위 관료의 자제도 모두 병역의무를 지는 제도였다. 다만 이들에게는 왕궁 경비 등 비교적 좋은 근무처를 제공했다. 그런데 세월이 흐르고 신분제가 정착되면서 양반 계층은 일반 상민들과 똑같이 부담해야 하는 병역 의무에서 벗어나기 위해 집요하게 노력했다.● 15세기 말 성종 대까지는 현직자를 제외하고 군역 면제가 원칙적으로 불가능했다. 한양의 학교와 향교의 교생들은 학생 신분으로서 한시적으로 군역이 면제되었고, 이들에 대해서도 정기적으로 학업 정도를 평가(고강)해 부적격자를 골라내어 이들을 군역에 충원했다. 퇴계 이황이 아들에게 보낸 편지에 "면역되기 어렵다면 업유業儒에라도 이름을 걸어두는 것이 좋다. 경서 1권과 사서 1권을 고강한다 하니 예방하여 소홀히 하지 말기 바란다. 여러 조카들에게도 이런 사실을 알려라"는 당부가 들어 있다.

● 김성우, 《조선중기 국가와 사족》(역사비평사, 2008). 이 연구에 양반들의 병역 면제 등 특권 형성 과정이 잘 정리되어 있다.

그런데 16세기 들어서며 중앙의 관료와 지방의 향촌 사족들이 하나하나 군역에서 빠지는 면제 관행을 만들어갔다. 군적을 작성하는 시기가 되면 힘 있는 양반들은 갖가지 명분을 만들고 편법을 동원해 군적에서 빠져나갔다. 군역에서 면제되는 관리와 학생의 범주를 편법적으로 늘려 면제되는 방법을 찾았다. 임진왜란 이후에는 실제 군 복무를 하지 않고 군포를 납부하면 되는 사실상의 군포제로 바뀌게 되었다. 경제적으로 훨씬 여유가 있는 양반 지배층이 군포라는 경제적 부담까지도 외면하고 이를 농민에게 전가한 것은 비겁한 계급적 착취 행위였다. 피지배층 농민들에게 지배층은 특권만 향유하고 의무는 지지 않는 착취 계급이라는 이미지를 선명하게 각인시키는 결정적인 계기였다. 의리와 명분을 중시하는 성리학 기반의 도덕정치를 추구한 조선 양반들이라면 경제적으로라도 솔선수범하는 자세를 취하는 것이 도리에 맞는 행위였을 것이다.

서양의 기사처럼 양반의 품격을 지키면서 장교나 특수군 등으로 군역을 수행하는 방법을 얼마든지 고안할 수도 있었을 것이다. 그러나 양반들은 부담해야 할 군포의 몫(경제적 부담)까지 상민층에게 전가하며 군역(신체적 부담)을 상민이나 하는 일이라며 천시했다. 이 같은 행태는 신뢰를 저버리는 행위였다. 특권층이 가져야 할 가장 기본적인 사회적 책임은 하층민을 배려하는 것이다. 그런데 책임과 배려는 없이 특권만 챙기는 양반들의 행태로 인해 공동체 내에서 신뢰를 기대할 수 없는 구조가 만들어졌다. 신분이 높고 토지를 많이 소유하면 세금과 군역을 더 부담하는 로마 귀족들의 의식과는 너무도 달랐다. 조선 내내 신분 차별, 불공성한 대우에 인민들이 본능적으로 저항하는 감정이 만들어지는 계기였다.

자치·자율을 경험하지 못한 우리나라

지금은 아주 흔한 소비재 중 하나인 종이가 조선시대에는 아주 귀한, 항상 부족한 물품이었다. 그런데 이 종이 제조에도 '권한 위임과 신뢰 부족' 문제가 얽혀 있었다. 세조 때 신운이라는 승려가 전라도 영광군 어느 섬에 일본 닥나무가 자라고 있다는 사실을 발견하고 이를 관찰사에게 보고했다. 그러자 영광 군수는 "공연히 군민을 번거롭게 하고 소요시켰다"고 말하며 그에게 곤장을 치고 섬에 구류시켜 거의 죽음의 지경에 이르게 했다. 마침 지나가는 배가 있어 승려가 구조되어 이 사건이 조정에 알려졌다는 내용이 〈세조실록〉에 기록되어 있다.

조선시대에는 항상 종이의 수요에 비해 공급이 부족해 종이원료가 되는 '닥나무 증식'은 조선 초기부터 국가의 주요 과제였다. 닥나무 증식을 위한 여러 정책이 시행되고 있었다. 그런데 닥나무 재배를 장려해야할 지방 수령이 어떻게 새로운 닥나무 산지를 발견한 사람을 벌주는 그런 터무니없는 행정을 했을까? 조선의 불합리한 제도를 이해하지 않으면 설명할 수 없는 부분이다. 조선에서 닥나무나 종이는 공출 대상 품목이었다. 한마디로 국가가 백성에게서 대가 없이 일방적으로 차출해가는 물품이라는 의미이다.

지방 수령에게는 매년 중앙에서 할당되는 공물의 수량을 채워 납품할 책무가 주어졌다. 그런데 지역 내에 새로운 닥나무 산지가 있다는 사실이 조정에 알려지면 그것이 공물대장에 추가되어 그만큼 지역할당량이 늘어나게 된다. 이렇게 되면 군수는 다음 해부터 새로 증가된 할당 목표를 추가로 채워야 하는 부담이 늘어난다. 1~2년 잠시 근무하다가 떠나면 되는 군수에게는 전혀 반가운 정보가 아니었다. 그래서 군수 차원에서는 새로운 닥나무 산지를 발견했다는 보고에 대해 공연한 사실을 유포하여 군민을 번거롭게 하고 소요시켰다는 질책이 나오게 되고, 상이 아니라 벌을 내리게 된 것이다. 지방에 잠시 체재하다가 떠나가는 '과객'으로도 표현되었던 지방 수령에게는 지역 생산을 적극적으로 촉진할 유인이 없었다. 그들은 맨슈어 올슨 모형의 '정주형 도적'처럼 장기간을 도모하는 것이 아니라 한 번에 휩쓸어가는 '유랑형 도적'과 같은 행태를 보인 것이다. 불합리한 제도는 오히려 생산성을 떨어뜨리고 주민을 더 착취한다.

일본과 달리 조선은 분권형 정치 체제를 갖지 못해 '권력의 위임과 신뢰'를 경험해볼 기회가 없었다. 정치적으로 조선은 일관되게 중앙집권형 체제를 견지했다. 또한 상공업을 억제해 지역경제가 제대로 활성화되지 못했고 상공업자들이 스스로 공동체를 형성할 정도로 발달하지 못했다. 조선 말기에 송도의 개성상인이나

보부상들은 강한 공동체를 이루었지만 매우 예외적이고 폐쇄적인 그들만의 문화여서 그러한 공동체 문화가 일반 백성들에게까지 파급되기는 어려웠다.

결국 조선시대부터 1995년에 지방자치제를 시행하기까지 우리는 '자치·자율'의 체제를 경험할 기회가 없었다. 자치와 자율은 자기 책임에 의한 지배 체제로서 결국 구성원들을 신뢰하며 권력을 위임하는 체제이다. 이런 자치 체제에서는 지도층을 신뢰하고 권한을 부여하며 책임도 지게 하는 문화가 만들어진다. 우리나라는 그런 경험이 없었다. 자치가 아닌 중앙집중식 체제에서 모든 권한을 중앙정부가 가졌다. 그래서 무슨 문제가 발생하면 지금도 사람들은 "정부가 이런 문제도 해결해주지 않고 무얼 하느냐?"고 성토하며 정부의 대책부터 요구한다. 자치와 자율의 관행이 정립된 나라에서는 대개 공동체와 개인이 책임을 갖고 문제를 해결해야 한다고 생각한다. 프랑스의 토크빌은 미국 민주주의의 성공 요인을 분석하는 데 있어서 개인주의에 기반한 자치와 자율이라는 지배 방식에 특히 주목해 그것이 핵심적인 역할을 했다고 지적했다.

● 우노 시게키, 신정원 옮김, 《서양 정치사상사 산책》(교유서가, 2014).

신뢰 사회의
품격

공동체의 신뢰 형성 과제

아프리카 북쪽, 곧 모로코, 알제리, 튀니지를 아우르는 지역을 마그레브 지역이라 한다. 10세기에 중동에서 이 지역으로 이주해 정착한 유대인(마그리비)들은 경쟁이 치열한 지중해 중개무역에서 생존하기 위해 독특한 자체 상인 규범을 확립했다. 지중해 연안에서 원격지 거래를 했던 이들이 먼 거리에 위치한 다른 상인이나 대리인을 감시하고 관리하는 일은 어려운 과제였다. 그래서 마그레브 상인 공동체는 다음과 같은 자체 행동 규범을 만들었다.*

●　오카자키 데쓰지, 이창민 옮김, 《제도와 조직의 경제사》(한울, 2017), pp.125-131.

1 대리인이 부정한 행위를 하지 않는다면 그다음에도 같은 대리인을 고용하기로 한다.

2 대리인이 부정행위를 한 경우에는 바로 해고하고 다시 고용하지 않는다.

3 대리인을 고용할 때는 자신뿐만 아니라 공동체에 있는 어떤 상인에게도 부정행위를 하지 않은 대리인만을 고용한다.

이와 같은 공동체 규범을 통해 상인과 대리인의 평판을 자체 평가하고, 가장 신뢰가 높은 상인에게 더 많은 거래 기회를 주고 부정행위하는 상인은 제재하는 관행을 정착시켰다. 부정이 발각된 상인은 조직 전체에서 배척하고 다른 상인들도 그와 거래하지 않기로 서로 합의했다. 국가기관이 시행하는 공적인 법적 제재는 아니었지만 상인들의 자율 규약은 상인공동체에서 막강한 위력을 발휘했다. 이런 자율 규범과 제재 원칙으로 인해 유대인 상인들은 누구나 규범을 준수할 것이라는 믿음을 갖게 되었고 다른 상인의 배신을 걱정할 필요가 없게 되었다. 미국의 경제사학자 애브너 그라이프는 마그레브 상인들의 이런 전략을 공동체 내의 '다각적 징벌전략Multilateral Punishment Strategy'이라고 평가했다. 즉, 이들은 평판을 점검해 징벌하는 원칙을 시행함으로써 공동체 내의 규범을 유지하고 공동 번영을 추구했다고 분석했다. 이렇게 하여 유대상인들은 11세기 지중해 무역에서 강력한 우위를 장악할 수 있었다.

유대인 마이어 암셀 로스차일드는 19세기 이래 영국, 네덜란드,

독일, 프랑스 등 유럽과 미국에서 금융 상권을 장악하고 로스차일 드 가문을 세웠다. 그는 "로스차일드 가문은 사업에서 신용을 가 장 큰 덕목으로 삼아야 한다"는 유언을 남겼다. 오늘날 세계적으 로 막강한 금융권을 장악한 유대인 로스차일드 가문 상권은 '신뢰' 를 기반으로 형성됐다.

앞서 논의했듯이 신뢰는 공동체 안에서 다른 구성원들이 스스 로 정한 규범을 준수하며 정직하고 협력적인 행동을 할 것이라는 기대와 위반에 대한 제재 원칙이 있을 때 형성된다. 이러한 문화 는 공동체의 지도적 위치에 있는 사람들이 솔선수범해 규범을 지 키면서 적극 시행하는 관행을 만들어갈 때 조성될 수 있다. 지도 층이 해야 할 역할은 다른 구성원을 위해 양보하고 포용하는 모범 을 보이면서 규율을 확립하는 것이다. 그 결과 공동체 안에서 서 로 배려하고 신뢰하는 문화가 조성된다.

신뢰 규범과 노블레스 오블리주

조선의 양반·선비이자, 부자이면서 조선판 노블레스 오블리주 의 전형을 보여준 가문이 경주 최 부잣집이다. 조선 선비의 법도가 어떠해야 하는지를 제대로 보여준 모범 사례로 꼽힌다. 최 부잣집 은 9대 동안 진사를 지내고 12대 동안 만석꾼이었던 집안으로, 거 의 400년을 양반 부자로 지내온 집안이다. 이 집안에는 400년간 지켜온 가훈 여섯 가지가 있었다.

첫째, 과거를 보되 진사 이상은 하지 말라. 둘째, 재산은 1만 석 이상을 모으지 말라. 셋째, 과객을 후하게 대접하라. 넷째, 흉년기에는 남의 논밭을 매입하지 말라. 다섯째, 최 씨 가문 며느리들은 시집온 뒤 3년 동안 무명옷을 입어라. 여섯째, 사방 100리 안에 굶어 죽는 사람이 없게 하라. 요컨대 '부자로 살면서도 이웃을 배려하며 신뢰를 지키는 모범을 보이라'는 가문의 엄정한 규범인 셈이다.

최부잣집에는 과객이나 가난한 사람들을 위한 쌀뒤주를 여러 개 비치해두었다. 쌀을 가득 채워 놓되 뒤주 구멍은 어른 남자의 두 손이 겨우 들어갈 수 있도록 만들었다. 두 손을 넣어서 손에 잡히는 양만큼 쌀을 퍼갈 수 있도록 함으로써 누구나 자유롭게 쌀을 가져가되 지나치게 가져가지 않도록, 또 많은 사람이 가져갈 수 있도록 배려한 것이다. 최부잣집은 1년에 쌀 3,000석 정도를 수확했는데 1,000석은 과객 접대에, 1,000석은 가난한 사람을 돕는 데 썼다.• 최 부잣집은 오랜 기간 부를 지키며 조선 말까지 대를 이어 오다가 일제 때 김구 선생에게 재산의 대부분을 항일 독립자금으로 보냈다. 절제와 관용, 포용의 규범을 준수하며 솔선수범해 사회적 책임을 다하는 모범을 보였기에 조선 전역에 명성을 떨치면서 부를 유지하고도 신망을 얻었다.

조용헌의 《500년 내력의 명문가 이야기》에는 조선 500년에서

• 조용헌, 《500년 내력의 명문가 이야기》(푸른역사, 2002).

찾은 15가문의 명문가 사례가 소개되어 있는데 그중에서도 최 부잣집이 가장 대표적인 노블레스 오블리주 사례로 알려져 있다. 조선 시대에는 개인적으로 훌륭하게 선비의 도를 보인 선비가 있었지만 양반 집단은 그렇지 못했다. 집단으로서 양반 지배층은 특권을 향유하고 피지배층과 차별화하기 위해 제도와 문화를 왜곡했다. 사회에서 서로 다른 신분 간에 신뢰와 포용이 없는 역사였다.

권한에는 반드시 책임이 따른다

로마의 원로원 의원은 임기가 없는 종신제였다. 원로원 의원으로 선출된 귀족은 죽을 때까지 의원의 특권을 누릴 수 있었다. 그런데 전쟁이 일어나면 원로원 의원들은 앞장서서 전투에 나섰다. 거의 매년 되풀이되는 전쟁에서 선두에 서는 귀족들은 많은 희생자를 내었다. 의원의 임기가 없는 종신제였지만 전쟁에서 많은 의원들이 전사하므로 매년 원로원 의원들을 새로 충원해야 했다. 일반 시민들은 원로원 의원이 갖는 특권을 질시하거나 부러워할 필요가 없었다. 특권은 엄중한 책무, 즉 전쟁에 앞장서서 희생을 부담하는 책임감과 함께 주어지는 것이었다. 귀족들이 보여주는 노블레스 오블리주는 이렇게 만들어졌다. 당시부터 노블레스 오블리주라는 개념이 있어서 그에 따라 행동한 것은 아니지만 이러한 사례가 하나하나 축적되면서 '권한에는 반드시 책임이 따른다'는 전통과 문화가 만들어졌다.

1860년대 미국의 남북전쟁에서 부자들은 합법적으로 전쟁에 참가하지 않을 수 있었다. 당시 시세로 300달러(목수 등 숙련 기술자 일당이 당시에 2달러 수준)를 납부하면 다른 사람을 대신 군대에 보내고 부자는 징집을 면하는 제도가 의회에서 입법되었다. 결국 가난한 백인들과 흑인들이 전쟁에 주로 참전했다. 당시 3,000만 명의 미국 인구 가운데 남북을 합해 60만 명이 전쟁 중에 사망했는데 이들은 부자나 지도층의 자제는 아니었다. 이렇게 특권층 위주 사회였던 미국은 정치·경제가 발전하면서 사회문화도 발전하고 점차 지도층이 솔선수범해 신사도를 실현하는 노블레스 오블리주 관행을 쌓아가게 된다. 특히 사관학교를 졸업한 미국의 고위 엘리트 장교들이 신뢰 문화를 형성하는 데 앞장섰다.

제임스 밴 플리트 장군은 한국전쟁 당시 미 8군 사령관과 유엔군 총사령관을 겸임하면서 수적으로 우세였던 중국 공산군과 북한군에 맞서 싸웠다. 그가 재임 중이던 1952년 4월, B-26 폭격기 조종사였던 외아들 밴 플리트 2세 대위가 작전 중 북한 해주 부근에서 북한군의 대공포에 맞아 실종되었다. 밴 플리트 장군은 관례에 따른 통상적인 수색이 끝나자 아들을 찾기 위한 더 이상의 수색작전은 중단하라고 지시했다. 사령관의 아들 때문에 초래될 더 이상의 추가 희생을 막기 위한 조치이자 공과 사를 철저히 구분한 냉철한 지휘관의 행동이었다. 그의 아들은 2년이 지나 전사자로 처리되었다. 그는 한국전쟁에서 승리를 이끈 장군으로 꼽히며 최고 무공훈장을 수여받았다. 그는 한국의 육군사관학교 설립도 적극 지원했다. 나중에 이승만 대통령은 미국 의회 연설에서 밴 플리트 장군을 '한국군의 아버지'라고 칭송하며 감사한 마음을 전했다.

미국 존 켈리 중장의 아들 로버트 켈리 해병 중위는 지난 2010년 11월 아프간 남부 헬만드 주에서 소대원들을 이끌고 전투 순찰을 하던 중 폭탄 공격을 받고 숨졌다. 그의 아버지 존 켈리 장군은 제1해병 원정군 사령관으로 이라크에서 2003년 바그다드와 티크리트 공격, 2004년 4월 팔루자 공격을 각각 지휘했다. 또 그의 형 역시 해병 대위로 이라크에 두 차례 참전했었다. 지원병제인 미국에서는 전체 가정의 약 1퍼센트가 전쟁에 참전한 가족 구성원을 갖고 있다. 이 가운데 켈리 장군의 가족처럼 두 세대가 국가를 위해 전쟁에 참전한 경우도 적지 않다.

스웨덴 정치인들은 특권 의식을 전혀 갖지 않고 의정활동 본연의 역할에만 매진하도록 하는 제도와 관행을 정립해왔다.* 아무런 특권도 없이 입법 활동 같은 격무에만 시달리다 보니 4년 임기가 끝나면 자발적으로 그만두는 의원의 비율이 평균 30퍼센트나 된다고 한다. 그들은 소신 있게 국정을 수행하기 위해 의회 발언에 대한 면책 특권과 회기 중 불체포특권을 갖는다. 그러나 의정활동에 직접적인 이런 특권 외 다른 특권을 갖지 않는다. 지도층이 가져야 할 노블레스 오블리주 자세를 보여주는 사례이다.

● 최연혁, 《우리가 만나야 할 미래》(쌤앤파커스, 2012).

스웨덴 의원들은 비서 같은 보좌관을 두지 못하고 혼자서 자료 수집과 법안 검토 등 모든 활동을 수행한다. 공무로 인한 여행경비는 자신이 먼저 지불하고 사후에 실비로 환급받는다. 비행기도 비즈니스석이 아닌 이코노미석을 이용해야 한다. 보수도 대기업 과장급 수준이다. 숙박비의 기준도 일반 공무원 수준이라 중간 등급의 호텔을 이용할 수밖에 없다. 또 모든 경비와 활동 내역을 철저하게 공개하도록 되어 있다. 의사당에도 의원 전용 엘리베이터 같은 것은 전혀 인정되지 않는다. 그러면서도 회기에는 갖가지 회의에 참석해야 한다. 하루에 12시간 이상 의정활동에 매진해야 할 때도 있다.

과거에는 스웨덴에서도 왕이나 정치인의 특권이 폭넓게 인정되어 왔으나 20세기 진보적인 사회민주당과 노조가 정치에 등장하면서 변화하기 시작했다. 1974년 헌법 개정으로 왕과 정치인을 포함해 더 이상 절대적 특권이나 특권층을 인정하지 않게 되었다. 이런 혁신이 가능했던 것은 정치인의 모든 활동을 투명하게 공개하게 하는 제도와 눈을 부릅뜨고 감시하는 국민의 선진 시민의식 때문이다.

한때 의원의 보수를 인상하려 하자 시민들이 냉담하게 거부 반응을 보인 사례도 있고, 택시비 지출 등 사소한 내역까지 공적인 용도로 사용한 것인지 언론과 시민들이 엄격하게 감시하는 바람에 작은 특권도 주장하기 어렵게 되었다. 몇몇 뛰어난 정치인들이 이런 문화를 조성하려고 노력한 것도 중요한 기여 사항이다. 스웨덴 사례는 정치인의 활동을 투명하게 공개하고 철저하게 감시하는 것이 가장 중요한 견제 장치라는 교훈을 준다. 투명한 공개와 감시가 있는데도 계속 특권을 유지하기는 어렵다.

국가에 대한 신뢰가 바닥에 떨어진 이유

우리나라 사람들은 국가에 대한 신뢰감이 크지 않다. 그러면서도 사회적 이슈가 발생하면 정부를 쳐다보며 대책을 강구하라고 다그친다. 국가를 신뢰하지 않으면서도 국가에 대한 의존도는 다른 어느 국가보다 큰, 참으로 기묘한 상황이다. 국가는 국민의 자유와 권리, 재산을 지켜주기 위해 형성된 조직이다. 우리 헌법에도 그런 취지가 규정되어 있다. 그런데 정치인이나 관료들이 '국가의 가장 기본적 책무가 국민의 자유와 권리, 재산을 지키는 것'이라는 신념을 갖고 있을까 생각하면 믿음이 가지 않는다.

세월호 비극에 국민이 분노한 것은 고등학생들을 포함, 수백 명의 목숨이 경각에 달린 시점에 해양경찰을 포함한 국가기관이 이들을 구조하기 위한 최선의 노력을 다하지 않았다는 데 있다. 당시 여건으로 보아 국가가 동원할 수 있는 수단과 방법이 여럿 있었다. 일선 해양경찰 간부와 관련 기관 등이 법령에 규정된 책

● 〈조선일보〉 2020년 2월 3일 기사, 〈세계일보〉 2019년 10월 21일 기사를 참조했다.

무를 다하지 않았고, 정부의 행정 절차, 권한 위임, 재난 관리 시스템도 제대로 작동하지 않아 결국 수많은 희생을 초래했기 때문에 무책임한 정부의 대처를 용서하지 못하는 것이다. 국가가 동원할 수 있는 모든 자원과 수단을 다 가동해 최선을 다했다고 수긍하기 어려운 상황이었다. 국민 보호라는 국가의 가장 기본 책무를 소홀히 하는 정부에 신뢰를 갖기는 어렵다. 정권이 바뀐 지금은 얼마나 달라졌을까? 이제는 정부의 재난 관리 능력을 믿어도 될까?

관점을 조금 바꾸어 우리 국민은 국가를 위해 해야 할 일을 다하고 있는지 생각해보자. 국가가 국민의 자유와 권리, 재산을 보호할 책무가 있듯이 국민도 국가에 대한 의무를 다하는 것이 도리에 맞다. 국민이 지켜야 할 헌법상 4대 의무는 납세·국방·교육·근로의 의무다. 결국 이러한 헌법상 의무를 포함, 헌법과 법령의 준수가 본질적인 의무이며 사회적 책임이라고 할 수 있다. 준법은 국민으로서 당연히 지켜야 할 책임이다. 사회적 책임을 다해야 국가도 그 책무를 다하도록 당당히 요구할 수 있을 것이다. 상호 책임과 의무, 신뢰를 지키는 이런 문화에 우리는 아직 취약하다.

6.25 전쟁에서 실종된 국군이 6만 명이 넘는다는 기사를 보았다. 그런데 대부분 북한에 억류되어 있는 국군 포로들을 조국에서 챙기고 이들의 생환을 위해 적극 노력한다는 정책은 없었다는 내용이 포함되어 있었다. 얼마 전 한 인터뷰에서 국군 포로로 북한에 억류되었다가 탈출한 이가 "남북 교류가 활성화될 때마다 국군 포로들은 귀국할 수 있을 것으로 기대했지만 끝내 그런 조치를 들

지 못했고, 결국 북한을 탈출해 생존을 모색했다"고 말한 것을 확인할 수 있었다. 아직 북한에 생존해 있는 국군 포로가 500명은 되고, 우리 국민인 그들의 생환을 위해 정부가 노력한다는 소식은 들을 수 없었다.

외국에 나가면 재외공관이 정부를 대표한다. 외국에 가서 휴대폰을 켜면 바로 대사관에서 보내는 안내 메시지가 뜬다. 특별한 위기가 발생하면 바로 공관에 연락하라는 메시지다. 그러나 유감스럽게도 우리는 대사관의 역할을 신뢰하지 못한다.

국가 신뢰도를 높이는 미국의 정책

2018년 북미 정상회담이 끝난 뒤, 미국은 70년 전 한국전쟁에서 희생된 미군 유해 50구를 북한에서 인도받았다. 미군 유해가 도착하는 비행장에 미국의 부통령이 직접 나와 경의를 표하고 환영식을 열었다. 유해로 귀국한 자국 국민을 위해 미국 정부는 최선의 노력과 존경을 표시했다. TV를 통해 이 모습을 시청한 국민들은 조국에 대한 자부심과 애국심을 갖게 된다. 정부에 대한 신뢰는 이렇게 만들어진다. 전 세계 분쟁 지역에 파견된 미군들이 열심히 싸우는 이유는 '국가가 나를 끝까지 지켜준다'는 믿음이 있기 때문이다. 전사한 유해가 성조기에 쌓여 송환되면 정부는 극진한 예우로 맞이한다. 충분한 연금 혜택이 주어진다는 것도 중요한 사실이다. 미국 영화에는 이런 장면들이 수없이 반복되어 등장한다.

미국 영화 〈챈스 일병의 귀환Taking Chance〉도 국가 신뢰 형성과 관련 있는 좋은 사례를 보여준다. 이 영화는 2004년 이라크 전쟁에서 전사한 미 해병대 챈스 펠프스 일병의 시신을 가족에게 운구한 실화를 바탕으로 제작되었다. 실제로 이 운구의 책임을 맡은 해병 중령의 기사를 본 HBO에서 TV용 영화로 제작했다. 국가를 위해 목숨을 바친 군인에게 보내는 존중과 예우를 생생하게 보여주기 위한 의도로 제작한 영화이다. 이 영화에서 해병대 스트로블 중령은 전사자 명단에서 자신의 고향 콜로라도 출신 신병(챈스 일병)이 포함되어 있는 것을 발견하고 유해 봉송 임무를 맡겠다고 자원한다. 영화는 여러 단계를 거쳐 고향의 부모에게 시신을 운구하는 과정을 상세히 묘사하고 있다. 전사자가 고위 장성이 아니라 신참 이등병(전사 후 일병으로 특진한다)이라는 사실을 염두에 두고 보아야 한다.

공군 조종사 출신 민간 항공기 기장이 "여러분이 내리시기 전에 전사한 해병의 시신을 운구하는 중령님께서 먼저 내리실 예정입니다. 전사자에게 명복을 빌어 주시기 바랍니다"라는 기내방송을 하자 승객들이 모두 조의를 표하는 장면, 허허벌판 고속도로에서 운구 차량을 보자 주변의 운전자들이 자발적으로 자동차 라이

● 위키피디아, 'Taking Chance', 2020. 3. 10.

트를 켜고, 운구차량 앞뒤로 호송대열을 만들어 전몰장병에 대한 예우를 표하는 장면이 감동적으로 그려진다.

일간신문 〈USA Today〉는 이 영화를 "거의 완벽하게 재현된 영화의 보석이며, TV가 보여줘야 할 영화가 어떤 유형이어야 하는지를 정확하게 보여준 영화다"라고 평가했다. 물론 "극적인 요소를 하나도 넣지 않고 시청자의 눈물만을 자극하는 영화로, 단순히 미군의 시신 운구 절차만을 보여준 영화다"라는 비판도 있었다. 그럼에도 불구하고 미국인들은 이런 영화를 미국 사회문화에 어울리는 것으로 높이 평가한다. 이 영화가 2010년 TV에서 처음 방영된 날 미국 국민 200만 명이 시청했고, 재방영될 때는 550만 명의 미국인이 시청했다. 이 영화는 골든 글로브 남우주연상 등 여러 부문의 상을 받았다. 미국 사회 지도층은 적절한 소재가 있으면 영화 같은 대중문화 작품을 통해 사회의 우호적 분위기를 부각시키고 국민은 그것을 수용하며 자부심을 갖는 구조이다. 이런 과정으로 사회의 품격을 높인다.

미국에는 JPACJoint POW/MIA Accounting Command라는 미군 합동 전쟁포로 및 실종자 확인 부대가 있다. 이 부대는 미국이 참전한 전쟁에서 실종된 88,000여 명의 미군을 수색하는 특수부대다. 이들은 '조국은 당신을 잊지 않는다, 한 사람의 병사도 적진에 남겨두지 않는다'는 목표를 공유하고 '그들이 집으로 돌아올 때까지Until they are home'라는 모토 아래 활동하고 있다. 전쟁이 끝난 뒤 몇 십 년이 흐른 지금까지도 한국이나 베트남 등 옛 전장을 누비며 미군 유해를 단 한 구라도 더 찾아 조국의 품으로 돌려보내기 위해 조사를 계속하고 있다.

우리나라의 하재헌 중사는 2015년 8월 4일 서부전선 비무장지대DMZ에서 수색 작전 중 북한군이 수색로 통문 인근에 매설한 목함 지뢰가 터져 양쪽 다리를 모두 잃었다. 그런데 국가보훈처 보훈심사위는 하 중사에 대해 국가유공자법에 관련 조항이 없다는 이유로 '전상戰傷'이 아니라 '공상公傷'이라는 판정을 내렸다. 당초 육군은 전상으로 판정했으나 국가보훈처에서 공상으로 강등시켜 논란이 됐다. 전상과 공상은 사회 인식이나 유공자 대우에서 큰 차이가 있다. 이를 비난하는 여론이 들끓고 대통령까지 나서서 재논의할 것을 지시하자 비로소 한 달여 만에 전상으로 정리되었다. 이런 기사를 볼 때마다 미국의 사례와 비교되면서 국가와 정부에 대한 신뢰에 흠이 생긴다.

미국 거리를 걷다 보면 곳곳에 성조기가 걸려 바람에 휘날린다. 관공서가 아닌 민간 건물, 주유소, 가정집에도 성조기가 게양되어 있다. 국가에 대한 신뢰와 자부심을 갖는 시민들이 자발적으로 게양한 것들이다. 심지어 성당의 제단에도 성조기가 걸려 있다. 프린스턴대학을 비롯한 예일대학, 하버드대학 등 유명 대학뿐만 아니라 각 카운티의 가장 중요한 곳에는 그 마을 출신으로 전장에서 죽은 이들의 이름을 새긴 충혼탑이 있다. 언제 어디서나 국가를 위해 죽어간 사람들의 이름을 보면서 통행할 수 있도록 배치한 것이다. 뉴욕 맨해튼의 고급 백화점 블루밍데일 1층 벽면에는 그

백화점 종업원으로서 전장에서 숨진 사람들의 이름을 새겨 놓았다. 나라의 부름으로 숨지거나 기여한 사람들은 어떤 식으로든 기억하는 문화가 형성되어 있다.[●]

정책과 정부에 대한 신뢰

프랑스 파리에 있는 앵발리드Invalides는 나폴레옹 황제의 관이 안치되어 있는 역사적 건축물이자 군사박물관이다. 원래 1670년 루이 13세가 부상병을 간호하는 시설로 지은 건물이다. 당초 목적은 퇴역 군인들에게 좋은 대우를 보장함으로써 이들이 시민들을 약탈하거나 폭행하는 행위를 방지하기 위한 것이었다. 절대왕정에서도 사회의 빈민과 위험 세력을 포용하는 정책이 국민의 신뢰를 얻는 데 중요하다는 통치자의 의지가 반영된 장치였다.

독일에서 '철혈재상'으로 불리며 피도 눈물도 없는 냉혈한으로 회자되는 비스마르크가 의료보험, 산재보험 등 사회보장제도를 세계 최초로 제도화한 것도 사회 취약계층을 포용하려는 목적이 반영된 것이다. 비스마르크는 당시 급증하는 노동자들의 파업과 집단행동이 전제통치에 중대한 위협이 될 것을 간파하고 이를 규제하기 위한 사회안정법(사회주의자 탄압법)을 제정했다. 그러나

● 〈오계동의 세상만사〉, 월간조선 4월호, 2010.

이와 동시에 노동자와 빈민 계층의 생존을 보장하는 사회보험 입법을 추진하는 '채찍과 당근' 정책을 시행했다. 비스마르크가 당근 정책으로 채택했다지만 이 제도는 독일의 사회 안전망을 제도화해 '국가에 대한 신뢰'의 기초가 된 사실을 부인하기 어렵다.

우리나라는 정치인들이 뇌물죄나 선거법 위반 등 범죄를 저질러 감옥에 가고도 조금 지나면 사면되어 다시 출마할 수 있는 사회이다. 지난 21대 국회의원 선거에 출마한 예비 후보자 중 범죄 경력자의 비율이 30퍼센트를 넘는다고 한다. 범죄 경력이 있는 후보자의 소속 정당에서는 "과거 민주화 운동으로 전과가 생긴 뒤 사면·복권된 후보자도 많다"고 해명했지만, 음주운전과 부정청탁 등 국민 눈높이에 맞지 않는 후보자도 다수 발견되었다.

부자가 탈세 혐의로 감옥에 가더라도 바로 사면되는 사례도 많다. 그러니 힘이 있는 이들은 법을 두려워하지 않는다. 신상필벌 원칙에 따라 엄정하게 책임을 묻는 문화가 정착되지 못하고 사람에 따라 법이 공정하게 집행되지 않는다는 정서가 만연해 법치가 이루어지지 않으며 법에 대한 신뢰도 쌓이지 않는다. 정부에 대한 신뢰를 잃게 만들고 법치를 무너뜨리는 나쁜 관행이다. 학습 효과로 노조 간부들도 마찬가지로 행동한다. 노조원들이 폭력 시위를 하거나 공무 수행중인 경찰관을 폭행하고 경찰차에 불을 질러도 크게 문제 삼지 못한다.

대한민국 국회 운영을 보면 '보여주기식' 진행이 많은 것을 알수 있다. 청문회나 국정감사에 기업인을 비롯한 수많은 증인, 참고

인을 불러 놓고 지적하며 호통친다. 그러다 시간이 부족해져 제대로 질문하지 못한다. 바쁜 일을 제쳐두고 출석한 이들이 하루 종일 기다리다 발언 한마디 하지 않고 돌아가는 경우가 허다하다. 이런 일이 수없이 반복되고 지적되어도 개선되지 않는다.

신뢰를 저버리고 직분을 다하지 않는 정치인도 국민의 비판에 큰 부담을 느끼지 않고 유권자들도 투표 때가 되면 정치인이 저지른 과거의 잘못을 떠올려 엄정하게 책임을 묻지 않는다. 상호 간 신뢰 관계가 형성되지 못해 국민은 국회를 불신하고, 국회의원들도 개선하려 크게 노력하지 않는다. 국회가 우리 사회의 신뢰 저하에 기여하는 측면이 많지만 국민도 그 책임에서 자유로울 수 없다.

반면 미국 의회 청문회에서는 수시로 전문가, 정부 실무 관료들을 불러 주요 이슈에 대해 질문하며 집중적으로 토론한다. 대형 이슈는 가끔 TV 생중계로 방송되기도 하는데 국민의 관심은 '청문회에서 토론이 제대로 이루어지는가?'에 있지 참석자의 직위나 호통 치는 의원의 모습 같은 형식에 있지 않다. 의회에서의 위증죄는 중형에 처하는 제도적 장치와 실용주의적 문화가 이런 활동을 뒷받침한다. 물론 정파적인 요인이 개입될 때도 많지만 오랜 전통을 통하여 매우 생산적인 과정이라고 평가되고 있다.

'정부에 대한 신뢰'여부는 '정책'과 '제도', '행정'에서 구체화된다. 행정의 투명도, 공무원의 청렴도가 정부에 대한 신뢰의 척도가 된다. 우리나라도 정부가 공개하는 행정 정보가 많이 증가했으나 미국 같은 나라에 비추어보면 아직 부족하다. 미국의 부처별 홈페이지에는 이런 정보도 공개하는가 싶을 정도의 자료가 대거 공개되어 있다. 우리 정부의 홈페이지에는 공개되었어야 할 자료가 빠져 있고 공개된 자료조차 이용하기 불편한 경우가 많다.

국제투명성기구Transparency International, TI에서는 세계 비지니스 전문가와 국가 담당 분석 전문가를 대상으로 국가별 청렴도를 조사하여 발표한다. '부패 인식 지수Corruption Perceptions Index, CPI'는 이 기구에서 매년 발표하는 국가별 청렴도 인식에 관한 순위이다.[*] 각국의 공무원과 정치인이 얼마나 부패해 있다고 느끼는지에 대한 정도를 비교하고 국가별로 순위를 정한 것이다.

한국은 178개국 중 2010년에는 39위, 2016년에 52위까지 떨어졌다가 2019년에 39위를 회복했다. 당시의 35개 OECD 회원국 순위를 보면 25위(2010년)에서 29위(2016)로 떨어졌다가 다시 27위(2019)로 회복된 것으로 나타났다.[**] 한국의 부패 인식 지수는 다른 선진국들과 비교하면 아직 한참 낮은 수준이다.

정부에 대한 신뢰가 가장 문제가 될 곳은 인사 운용 분야일 것이라고 생각한다. 새 정권이 출범하면 정치적으로 정권 창출에 기여한 사람을 주요한 자리에 앉히는 사례가 많았다. 이런 추세는 미국도 마찬가지이나 차이점은 미국에서는 그 분야 최고 전문가 중 내 편을 추천한다는 것이다. 전문가 풀이 크지 않고 전문가를

---

[*] 위키백과, '부패 인식 지수', 2020. 3. 17.

[**] OECD 회원국은 계속 늘어나는 추세다. 이 책에서 인용한 자료의 산출연도에 따라 회원국 수도 다르다.

크게 신뢰하지 않는 한국에서는 이런 제도가 잘 운영되지 못한다. 전문가 중에서 선출한다면 문제될 것이 없겠지만, 전문가 풀이 작고 전문성을 크게 중요시하지 않다 보면 해당 분야의 전문가가 아닌 사람을 적임자로 포장해 임명하는 경우가 생긴다. 그러면서도 대외적으로는 "유사 경력의 소유자로서 업무 수행에 적임자"라고 강변한다.

정실 인사보다 더 나쁜 것은 선택된 사람에게 팀을 구성할 권한을 주지 않은 채 실적을 평가하고 임기도 마치기 전에 실적이 나쁘다고 불신하는 것이다. 제대로 인선하는 것, 임명 후 일할 수 있는 권한을 위임하는 것이 중요하고, 일을 잘하지 못하면 추천한 사람이나 검증을 잘하지 못한 사람이 책임져야 한다. 이런 문제 제기도 개각 등 인사 시기에만 산발적으로 제기되다가 금방 잊히는데, 국민이 지속적으로 관심을 갖고 추적하지 않으면 결국 신뢰는 형성되지 않는다.

존 스튜어트 밀의 《자유론》에 국가의 인재 등용에 관한 재미있는 사례가 소개되어 있다. "지배자가 한 사람을 어떤 직무에 임명하는 경우, 그 직무에 적합한 다른 사람이 국내에 있으면 그는 신에게 죄를 범하는 것이며 국가에도 죄를 범하는 것이다." 개인의 자유와 국가에 대한 의무를 논의하면서 지도자가 적임자를 임명하지 않는 것은 국가와 신에 대한 범죄라는, 《코란》에 나오는 격언을 언급했다.

중국 한나라에서 발달한 지역인재 추천제도는 지방수령에게 지역의 인재를 추천할 권한을 부여했다. 권한이기도 하고 '인재를 발굴해야 한다'는 의무이기도 했다. 그런데 추천한 인재에 대해서는 '반드시 추천한 사람이 책임을 져야 한다'는 조건이 있었다. 추천한 인재가 일을 잘못하거나 국가에 손실을 끼치면 추천자가 책임지게 되어 있었다. 그래야 인재 추천제도가 작동된다고 판단한 것이다. 조선도 이러한 인재 추천제도를 도입해 운영했다. 그런데 추천자에게 책임을 묻는 제도는 제대로 시행되지 못했다. '권한과 책임이 함께 가야 한다'는 관념은 조선의 지도층에게 익숙하지 않은 사상이었다.

신뢰를 중시하는 미국에는 20년 이상 장기 근속한 기업의 CEO, 대학 총장, 연구책임자가 많이 있다. 하버드대학이 1938년에 시작해 80년이 넘게 진행하는 조사연구, '성인발달연구The Study of Adult Development'가 있다. 조지 베일런트 하버드대 의대 교수는 40년 간 성인발달연구의 연구책임자로 재직했고 2005년부터는 로버트 월딩어 교수가 책임을 맡고 있다. 이 연구는 연구책임자와 연구 기금을 제공한 기부자, 조사대상자들이 서로 깊게 신뢰하고 권한과 책임을 맡아 세계적으로 유례를 찾기 어려울 만큼 장기간에 걸친 연구를 수행하며 많은 성과를 내고 있다. 이 조사의 결과는 베일런트 교수에 의해《행복의 조건》등 3권의 책으로 출간되었다.

당초 1938년에 하버드대 법대 2학년에 재학 중인 남학생을 대

● 존 스튜어트 밀, 박홍규 옮김, 《자유론》(문예출판사, 2004), p.115

상으로 조사대상자를 선발했는데, 조사 대상이 된 학생은 평생 동안 이 연구에 참여하겠다는 약속과 함께 매년 적어도 20시간 이상을 할애해 건강, 경력, 가정생활 등 여러 각도에서 진행되는 인터뷰 등 정밀조사에 참여하겠다는 동의를 하고 시작했다.[*] 조사 대상자 중에는 상원의원이나 기업가로 성공한 사람도 있었고 미국 대통령을 역임한 존 F. 케네디도 포함되어 있었다. 1938년 선발된 조사 대상자 중 2020년에는 17명이 생존해 정기적으로 조사에 응하고 인터뷰도 하고 있다.[**] 연구책임자 로버트 월딩어 교수는 "놀랍게도 사람과 사람의 관계가 행복과 건강에 큰 영향을 미친다"고 보고하고 있다.

남아공의 진실화해위원회 사례

'아파르트헤이트Apartheid'는 과거 남아프리카 공화국의 백인 정권이 1948년 법률로 규정해 합법의 탈을 쓰고 시행한 유색인종에 대한 차별정책을 말한다. 아파르트헤이트는 모든 사람을 인종 등급으로 나누어 백인, 흑인, 컬러드, 인도인 등으로 분류하고, 인종별로 거주지를 분리해 다른 인종 간 결혼을 금지했으며, 출입

● 조지 베일런트, 이덕남 옮김, 《행복의 조건》(프런티어, 2010).
●● 위키피디아, 'Grant Study', 2020. 5. 1.

123

구역을 분리하는 등 유례없는 노골적인 백인지상주의 국가를 지향했다.

이에 항의하는 국내외 저항운동이 극심하여 수많은 희생자가 생겼다. UN을 비롯한 국제사회에서는 남아공에 무역 금지 조치를 취하고 FIFA 월드컵과 올림픽 등 국제 스포츠 대회에도 참가를 금지시켰다. 인종 차별에 항거해 투쟁했던 넬슨 만델라는 27년 동안 감옥에 갇혀 있었다. 감옥에서 나온 뒤 대통령에 당선되자 인종 차별 문제를 해결하기 위해 1995년 '진실화해위원회Truth and Reconciliation Commission, TRC'를 구성했다. 만델라는 노벨평화상 수상자인 데스몬드 투투 대주교를 위원장에 임명했다. 이 위원회는 '진실 규명과 화해'라는 최선의 해법을 찾은 신뢰의 모범 사례로 손꼽힌다.

진실화해위원회는 남아공 인종 분리 정권과 민주화운동 단체들 사이에 4년에 걸친 협상을 통해 설립되었으며, 오랜 논란 끝에 진실을 밝히는 조건으로 그동안 저질러진 인권 침해 행위에 대해서는 사면하기로 합의했다. 진실화해위원회의 임무는 과거의 인권 침해 사례를 조사해 사건의 진실을 밝히고 희생자들의 명예 회복과 보상을 통해 사회에 대한 신뢰를 회복하는 것이었다. 인터넷과 TV를 통해 남아공 전역에서 진상 규명과 화해의 과정이 생생하게 중계되었다. 청문회 등의 과정을 거치며 가해자는 자신의 잘못을 고백하고 피해자들은 그들이 당한 박해를 회고했다. 2만 2,000명이 진술했는데 그중 7,000여 명이 사면을 청구했다.

넬슨 만델라 대통령은 진실 규명과 국민 간의 신뢰 회복을 위해서는 '관용의 해법'이 유일한 해결책이라고 판단했다. 핵심은 '공개된 청문회에서 진실을 고백하면 면죄부를 준다'는 것이었다. 정치적 범죄에 한한다는 단서가 붙기 했지만 응징보다 진실 규명과 화해에 무게를 둔 획기적인 결단이었다. 이 의지를 실현하기 위해 남아공은 1994년 임시 헌법에 '화해를 위해, 정치적 동기로 자행된 과거의 범죄는 사면한다'는 명문조항을 넣기도 했다. 만델라는 감옥에서 27년 동안 고생했지만 진실을 밝히고 신뢰를 회복하려면 이 방법밖에 없다고 굳게 믿었다. "우리는 가해자들을 용서한다. 하지만 그들의 만행을 결코 잊어서는 안 된다"는 만델라의 신념이 실현된 것이다.

한편 앰네스티(국제사면위원회) 등 국·내외 여러 조직이 "반인륜적 범죄의 사면은 있을 수 없다"면서 심하게 반발했다. 그럼에도 TRC는 만델라가 제안한 해법을 끝까지 밀어붙여 놀랄 만한 성과를 냈다. 악독한 가해자 중 면책을 노린 죄인들이 앞다투어 청문회장에 출석했다. 가장 극적인 것은 경찰 내 비밀암살단 단장 유진 드코크의 청문회였다. 6건의 살인을 포함, 89건의 범죄가 인정돼 중형을 선고받게 된 그는 감형을 노리고 자신과 동료의 죄상을 낱낱이 폭로했다. 반체제 인사를 잔혹하게 살해하고 시신을 불태운 죄상을 증언했다.

● 유한준, 《만델라 리더십》(북스타, 2014), p.155

TRC는 1998년 최종보고서에서 "면책 사면을 노린 많은 범인들의 폭로 덕에 추악한 비밀들을 캘 수 있었다"고 밝혔다. TRC는 2만 2,000여 명의 관련자들을 조사하고 비정치적 범죄를 저지른 5,900여 명을 처벌하는 개가를 올렸다. 정치적 범죄자 1,160명은 약속대로 사면되었다.

물론 TRC에 대해 좋은 평가만 있는 것은 아니다. 1998년 남아공의 한 연구에서 밝혀진 바로는 일부 희생자들은 TRC가 백인과 흑인 공동체 간의 화해를 이루는 데 실패했다고 주장했다. 희생자들은 화해를 위해서는 정의(속죄)가 반드시 화해의 전제조건이 되어야 하는데 TRC는 정치적 편법의 수단이었고, 가해자 편으로 더 기울어 피해자로부터 정의에 호소할 기회를 빼앗았다고 비판했다. 그 결과 위원회 종료 후 2000년대 초에 많은 소송이 제기되기도 했다. 그러한 논란에도 불구하고 TRC는 진실 규명과 화해라는 당초의 목표를 달성하고 관용을 실현하며 오래 분열되었던 국가의 통합과 국민 간 신뢰 회복에 기여했다는 평가를 받았다. 두고두고 후세에 귀감이 될 위원회였다.

자율 규범으로 경제 질서를 선진화하라

2018년에 국내 모 대기업에서 하청 관계에 있는 중소기업의 핵심 기술을 다른 경쟁 기업에 빼돌려 공정거래 질서를 위반한 사례가 적발되었다. 거래 관계에 있는 해당 중소기업은 대기업을 믿고 핵심 기술 설계 자료를 모두 제공했다. 그런데 대기업이 요구한 납품 단가 인하를 중소기업이 수용하지 않자 대기업은 핵심 기술을 다른 중소기업에 넘겨 더 낮은 가격으로 생산하게 했다. 거래 관계에 있는 중소기업에서 얻은 핵심 기술을 빼돌리는 대기업의 행위는 '거래의 신뢰'를 저버리는 가장 나쁜 사례이다. 그동안 대기업의 기술 탈취 횡포로 피해를 입고 있다는 중소기업의 호소가 많았는데, 그런 일이 실제로 발생되는 일임을 생생하게 드러내 사회에 충격을 준 사건이었다.

사회에 정립된 상호 간 책무, 특히 업계에 확립된 자율 규범을 깨는 사업자는 그 사회, 업계에서 지탄을 받고 더 이상 기업을 운영할 수 없도록 만드는 공동체 문화가 선진 신뢰 문화이다. 공동체 규범을 위반하면 형벌보다 더 무거운 불이익, 불명예 제재를 받게 되어야 한다. 무거운 범칙금을 물려 법규 위반으로 얻고자 했던 이익의 몇 배를 배상하게 하거나 향후 거래 참여를 제한해 다시는 그러한 위반 행위를 하지 못하게 하는 실질적인 제재가 필요하다.

이를 위해 공동체 내 규범 준수 의무와 위반에 대한 불이익, 벌칙 등 제재를 자율 규약으로 규정하는 문화를 만드는 것이 좋은 이행 전략이다. 법으로 직접 규제하는 것보다 그 소속 공동체에서 자율 제재하고 위반 시 지탄을 가해 부끄럽게 만드는 것이 더 효과적이다. 규범을 위반하는 사람은 그 공동체에서 배제하자는 합의가 있어야 한다. 일본에서는 지금도 이런 자율 규제 방식이 작동한다. 앞서 살펴본 아프리카 마그레브 상인들의 규제 방식도 마찬가지이다.

대기업과 중소기업 간의 불공정거래도 현행과 같은 사법적 규제만으로는 성과를 내는 데 한계가 있다. 우리나라가 공정거래 제도를 시행한 지 수십 년이 지났어도 불공정거래가 계속되고 오히려 대기업과 중소기업 간의 격차가 확대되는 것이 사법적 규제만으로는 성과를 내기 어렵다는 방증이다.

한국의 사법체제는 중국의 율령체제와 같은 형벌 제재를 선호해 '과잉범죄화'의 우려도 있다는 지적을 받는다.[•] 공정거래 제도와 같은 경제 범죄에 대해서도 벌금, 징역 등 형벌 제재를 앞세우는데 이러한 제재는 실효를 거두기 어렵다. 지불 능력이 충분한 대기업은 웬만한 벌금에 구애받지 않는다. 그보다는 징벌적 과징금으로 불공정거래에서 얻는 이익의 몇 배를 부과하는 제재 방식이 훨씬 더 효과가 있을 것이다. 이른바 갑을관계는 수직적 상하관계가 아니라 수평적 역할 분담 관계가 되어야 한다. 대기업은 대기업대로, 중소기업은 중소기업대로 서로 지켜야 할 의무를 다하면서 신뢰를 지키는 관행이 확립되어야 경제 질서가 선진화될 것이다.

셰익스피어의 희극《베니스의 상인》에는 신의성실의 원칙과 권

● 과잉범죄화 문제에 관해서는 KERI보고서〈한국의 법치주의와 과잉범죄화의 문제점〉(황인학)을 참조했다.

리 남용 금지의 원칙을 위배해 불이익을 당하는 고리대금업자 샤일록 이야기가 재미있게 펼쳐진다. 샤일록은 "만약 돈을 갚지 못하면 안토니오의 살 1파운드를 대신 받겠다"는 악랄한 계약 조건을 내걸었다. 계약을 이행하지 못한 안토니오는 샤일록에게 살 1파운드를 잘라줘야 할 상황에 처하는데, 이때 재판관으로 변장한 안토니오의 약혼자 포샤의 명 판결이 내려진다. "계약대로 살을 베어갈 수 있지만, 계약서에 피에 대한 내용은 없으니 피는 한 방울도 흘려서는 안 된다." 이러한 판결을 내려 안토니오를 구하고 샤일록을 응징한다.

샤일록의 계약 조건은 오늘날의 법률로 따져볼 때 신의성실의 원칙, 권리남용 금지의 원칙에 따라 무효가 된다. 우리 민법 제2조에는 '신의성실'이란 제목으로 아래와 같은 내용이 규정되어 있다.

1 권리의 행사와 의무의 이행은 신의에 좇아 성실히 하여야 한다.
2 권리는 남용하지 못한다.

대법원은 신의성실의 원칙을 '사람이 사회 공동생활의 일원으로서 서로 상대방의 신뢰를 헛되이 하지 않도록 성의 있게 행동하여야 한다'는 원칙으로 규정했다.● 신의성실의 원칙은 계약법뿐 아

● 대법원에서 1993년 5월 14일에 선고한 92다21760 판결.

니라 모든 법률 관계를 규제, 지배하는 법의 일반 원칙이다. 이는 계약의 당사자들이 권리를 행사하거나 의무를 이행할 때 상대방의 정당한 이익을 배려해야 하며 신뢰를 저버리지 않도록 행동해야 한다는 원칙으로, 모든 법 영역에 적용되는 규범이다.

다시 말해 권리 행사, 의무 이행 때 형평에 어긋나거나 신뢰를 저버리는 등 상대방의 정당한 이익을 전혀 배려하지 않는 방법을 택해서는 안 된다는 뜻이다. 이를 위반하는 방식으로 권리를 실현하거나 의무를 이행할 경우 이는 법률상 무효가 된다. 법 원칙을 떠나 사회생활의 원칙으로서 신뢰 사회를 형성하는 기본 규범이 되어야 한다.

일본인들은 남에게 폐를 끼치지 않는 것을 매우 중시하는 사회 문화를 만들었다. 어릴 때부터 가정에서나 학교에서 '폐(메이와쿠迷惑) 끼치지 말 것' 교육을 지속적으로 실시한다. 메이와쿠는 일본의 문화가 되어 타인에게 민폐 끼치는 것을 극도로 꺼리고 혐오하는 관행이 형성되었다. 이제는 단순히 남에게 피해를 주지 않는 것에 그치지 않고 상대방의 입장을 헤아려 상호 갈등의 불씨가 될 만한 행동을 금기시하는 것으로까지 확대되었다. 폐를 끼치지 않으려고 상대를 너무 배려한 나머지 자신의 속마음을 잘 내비치지 않는 경우가 생기고, 이로 인해 '일본인은 속내를 알기 어렵다'는 부정적인 이미지가 생겨나기도 했다. 그러나 '남을 배려하는 마음'은 '신뢰 사회의 시작'이다. 서로의 금도를 지키고 남을 배려하면 신뢰가 형성되고 사회생활이 선진화될 것이다.

우리는 나에게는 관대하고 남에게는 엄격한 도덕의 잣대, 즉 이중 잣대를 들이대는 경향이 있다. 자신의 과실을 묻지 않고 다른 사람의 과실만 따지는 사람들이 너무 많다. 이른바 '내로남불'이라는 신조어, 내가 하면 로맨스지만 남이 하면 불륜이라는 말이 생겨나고 회자되는 현상은 보통 심각한 일이 아니다. 정치인 등 사회 지도층에서 특히 심하게 나타나는 이 문제는 일반 대중들에게 심각한 도덕적 괴리감과 함께 사회에 대한 신뢰를 떨어뜨리게 한다는 점에서 그 폐해가 크다.

품격 있는 신뢰 사회를 만들기 위하여

신뢰 사회는 품격 있는 사회이다. 신뢰 사회를 만들기 위해서는 개인의 품격, 사회의 품격, 국가의 품격을 높여야 한다. 우리나라는 경제 수준이 향상되면서 국제적 지위가 엄청나게 격상했음을 느끼고 있다. 수많은 사람들이 해외여행을 하며 한국의 향상된 위상과 경제적 성과를 향유하고 있다. 이제는 글로벌 경제 수준에 걸맞게 정치와 사회문화의 품격을 크게 높이는 일이 중요한 과제가 되었다. 새로운 한국의 선진 문화를 '고품격 선진 문화', '일류 문화', '고급 선진 문화' 등 적절한 명칭을 붙여 구체화하고 확산시켜야 한다. 이 책에서는 '고품격 선진 문화', 그런 사회를 '고품격 사회'라 부르자.

고품격 선진 문화는 이제까지의 문화와 어떻게 달라야 할까? 무엇보다도 관용, 신뢰, 규범, 법치와 공동체의 가치를 포함하는 것이 중요하다. 도덕 윤리, 특히 부모와 어른을 공경하는 마음가짐, 교육과 학문에 대한 존중, 규범 준수는 시대에 맞게 내용을 바꾼 뒤에도 여전히 강조되어도 좋을 내용이다.

'신뢰 문화'는 구성원들이 자발적으로 참여해 만들어가는 것이다. 정부가 어떤 규범을 만들어 이를 주도하거나 강제해서 될 일은 아니다. 한국에는 지금 사회 교육을 담당하는 평생교육 기관과 지방자치단체의 교육 시설이 있고 그 안에서 수많은 강좌가 이뤄지고 있다. 이러한 교육에 시민문화 교육을 포함시켜 대대적으로 교육하면서 시민들을 참여시키고 규범 준수, 신뢰, 공동체 문화를 만들어나갈 수 있다. 전국에 산재해 있는 교회, 성당, 사찰에서 성직자들이 신자들과 논의해 설득하고 함께 문화를 바꾸어나가는 것도 좋은 방법이라 생각한다.

사회 지도층이 사회 규범을 정립해 솔선수범하는 관행을 만들어 시민들이 참여하게 유도하는 방식도 좋을 것이다. 세계 경제 10위권 국가인 우리나라도 진정한 선진국으로 도약하기 위해 그럴 단계에 와 있다고 생각한다. 신뢰를 쌓을 기반인 현대적인 공동체 활동을 늘려야 한다. 국가가 주도하거나 강제해서는 안 되고 각 부문에서 시민들이 자율적으로 공동체를 구성하고 구성원 간에 상부상조하며 신뢰를 쌓아가는 문화가 만들어져야 한다. 시간이 걸리더라도 조금씩 고품격 선진 문화를 만들어가야 한다.

신뢰 사회는 자율적으로 규칙을 정해 이행을 촉구하고 위반자를 자율 제재하는 공동체가 중심이 되는 것이 바람직하다. 공동체가 자율적으로 조직되고 독립적으로 운영되는 것이 중요하다. 정부로부터 지원을 받으면 독립성을 보장하기 어려워진다. 경제단체, 협회, 시민단체 등이 정부 보조금에서 벗어나야 관의 영향력에서 벗어나 자립할 수 있다. 자립하는 단체여야 스스로 정한 규칙이 구성원들의 신뢰를 얻을 수 있고, 신뢰를 바탕으로 이행을 강제하는 권위가 만들어질 것이다.

3

법치가 무너진 대한민국

법치 국가의
위기

대한민국은 법치 국가인가?

최근 언론에 집중 보도된 노조 관련 사례로 논의를 시작해보자. 서울 강남구의 한 아파트 재건축 건설 현장은 2019년 5월 내내 노조 집회로 몸살을 앓았다. 공사에 참여한 골조업체가 한국노총 소속 조합원 20여 명을 채용하자 민주노총 소속 조합원 400여 명이 "우리 노조원을 채용하라"고 시위를 벌였다. 민주노총 조합원은 한국노총 조합원의 출근을 방해했고, 건설 현장에서 두 노조 간 주먹다짐이 벌어져 인근이 소란스러워지고 노조원 13명이 다치기도 했다. 집회 한 달 만에야 한국노총과 시공사 간 협상이 타결되어 갈등이 마무리됐지만, 두 노조의 세력 싸움 과정에서 아파트 건설 공사가 나흘간 중단되는 피해를 입었다.*

한편 한국노총과 민주노총 양대 타워크레인 노조가 함께 총파업을 벌이며 전국 건설 현장 100여 곳의 공사가 일시에 중단됐다. 양대 노총 소속 타워크레인 노조는 최근 건설 현장에 급증한 소형 무인 타워크레인 사용을 금지하라며 무기한 총파업을 선언했다. 노조는 소형 무인 타워크레인이 일정한 교육만 이수하면 누구나 조작할 수 있기 때문에 사고 우려가 큰데도 정부가 아무 대책 없이 방관하고 있다고 항의했다. 하지만 노조의 실제 속내는 '무인 조작이 가능한 소형 타워크레인이 늘어나면 일자리를 빼앗길 것에 대한 우려'라는 분석이 많다. 결국 노조 밥그릇 지키기가 파업 목적이라는 지적이다.

양대 노총 타워크레인 노조의 파업 직격탄을 맞은 곳은 건설 현장이다. 한 시공사 대표는 "공사가 갑자기 중단되면 레미콘, 크레인 등 협력업체에도 위약금을 물어줘야 한다"며 하소연했다. 노조의 보복이 두려워 건설회사들은 법적인 구제조치 등을 엄두도 내지 못했다. 실제로 이런 사태로 법적 처벌을 받은 노조는 없다. 건설사 입장에서는 저비용 고효율인데다가 무인 조작이 가능해 파업의 우려도 없는 소형 무인 타워크레인을 선호한다. 그러나 노조를 의식해 소형 무인 타워크레인을 마음대로 활용할 수 없고, 혹시라도 노조 반발로 공기가 연장되면 건설회사는 막대한 손실

● 〈민노총이 일자리 독식, 항의농성… 1주일에 30억 원 날린 재건축 현장〉, 한국경제신문. 2019. 6. 4.
　〈기자 24시: 불법과 이기주의 양대 노총〉, 매일경제신문. 2019. 6. 3.

을 감수해야 한다. 아파트 입주자들도 입주 지연에 따른 불필요한 비용을 추가로 지불하는 재산상의 피해가 발생한다.*

이 사례는 자유 민주주의와 시장경제 체제 내 법적 권리의 보장과 한계, 법치 실현을 위한 정부의 역할에 정면으로 의문을 제기한다. 헌법에 노동권이 보장되어 있지만 노조가 적법한 범위를 넘어 자기 집단의 이익을 위해 건설회사와 관련 협력업체, 아파트 입주민, 물류회사 등에게 재산상 피해와 신체상 위해를 가해도 되는가? 노노간 갈등으로 법적 책임이 없는 기업과 시민이 피해를 입어도 노조의 행위가 정당화될 수 있는가? 법치 국가 대한민국의 정부는 헌법에 보장된 국민의 재산과 생명을 보호하기 위해, 법과 질서 유지를 위해 합당한 노력을 하는가?

이런 근본적인 의문이 제기되는데도 한국 사회는 심각하게 문제를 인식하고 있는지 모르겠다. 이러한 문제에 대처할 법 제도가 마련되어 있지 않다거나 담당할 정부 조직이 없어서 발생하는 문제도 아니다. 건설노조의 횡포에 여론이 악화되자 정부도 뒤늦게 대책 마련에 나섰다. 관계부처는 불법 행위에 대한 대책을 세우겠다고 밝혔다. 경찰청은 "노조의 불법 폭력 행위에 대해선 법과 원칙에 따라 엄정히 사법 조치하겠다"고 말했다. 제대로 조치를 취하지 않던 정부가 언론에서 문제를 제기하자 입장을 밝힌 것이다.

이런 원칙적인 선언이 있어도 '피해를 입은 기업이나 국민에게

● 〈노조에 볼모된 건설현장, 법은 없었다〉, 매일경제신문, 2019. 6. 5.

어떤 보상이 주어지는지', '다시 그런 일을 걱정하지 않아도 되는 것인지', '이제 문제가 발생하면 즉각적인 구제가 가능한지' 확신이 들지 않는다. 법령이 잘못되어 있는지 따지기 이전에 현행법을 엄정하게 집행하면 충분히 해결이 가능한 것들이다. 결국 법 집행이 문제다.

개인이나 단체가 자기 권리를 확보하기 위해 법을 어기거나 스스로 피해를 구제하겠다고 나서는 것은 모두 위법 행위다. 이런 행동은 헌법에서 보장하는 개인과 기업의 권리, 재산권에 피해를 주고 결국 사회 질서를 무너뜨린다. 법은 사회 집단 간 합의의 산물이다. 법이 내 뜻에 맞지 않더라도 일단 지키며 정당한 절차를 밟아 법 개정을 촉구하는 것이 민주사회의 문화다.

미국의 시위와 법치 사례

미국은 노조의 불법 파업에 어떻게 대처할까? 구체적인 사례를 통해 검토해보자. 2005년 12월 뉴욕 대중교통공사 노조Transport Workers Union가 3만 2,000명의 노조원을 동원해 전면파업을 벌였다.[•] 노사 간 연금과 임금 인상 관련 쟁점이 타결되지 않아 크리스마스 연휴 기간 직전에 파업에 돌입했다. 그런데 뉴욕 주의 법령에 의

● 위키피디아, '2005 New York City transit strike', 2020. 4. 13.

하면 '대중교통을 운행하는 교통공사 노조는 파업할 수 없으며 파업 이외의 다른 분쟁 해결 절차에 따라야 한다'라고 규정되어 있었다. 따라서 이 파업은 명백한 불법이었다.

노조가 파업에 돌입하고 지하철과 버스 등 대중교통이 마비되자 뉴욕 시는 파업 당일 법원에 소송을 제기했다. 법원은 즉각 심리해 노조의 불법 파업에 하루 100만 달러씩 벌금을 부과했다. 파업에 참가한 노조원에게는 파업 참가 1일마다 이틀 치의 임금을 벌금으로 부과했다. 노조 간부에게는 구속시키겠다고 경고했다. 법에 규정된 절차에 따라 판사가 지체 없이 판결을 내리고 신속하게 집행한 것이었다.

노조는 거액의 벌금형을 부과받자 더 이상 파업을 계속하지 못하고 결국 3일 만에 파업을 철회했다. 이 파업 자체는 평화적으로 진행되었으나 법 규정을 어기고 시민에게 대중교통 마비를 초래한 불법 파업의 대가는 혹독했다. 노조는 3일 파업에 대한 벌금으로 총 250만 달러를 내야 했고, 노조 간부는 징역 10일과 벌금 1,000달러를 납부했다. 파업에 참가한 노조원들은 파업 1일마다 이틀 치의 임금이 삭감되었다. 법치가 제대로 시행된 사례이다.

1932년 미국 수도 워싱턴에서는 3만 명 이상의 참전군인(실제 참전군인 1만 7,000명과 가족 등 2만 명)들이 정부에 보너스 지급을 요구하며 대규모 시위를 벌였다.[•] 보너스 군대Bonus Army로 알려진 이

● 하워드 진, 유강은 옮김, 《미국민중사 2》(이후, 2008).

들 참전용사들은 제1차 세계대전에 참전하고 정부에서 지급받은 보너스 증권(1945년 지급이 예정되어 있었다)의 조기 지급을 의회에 청원하기 위해 집결한 것이었다. 1930년대 초의 대공황으로 극심한 생활고를 겪게 된 참전군인들은 정부가 이미 보증한 보너스를 예정보다 앞당겨 지불해서 생활비로 쓰게 해달라고 요구했다. 전국 각지에서 몰려온 이들은 가족까지 가세해 의사당이 마주보이는 워싱턴 포토맥 강변에 수많은 텐트를 쳐놓고 농성했다.

참전용사들의 대규모 시위 초기에 진압에 나선 경찰 800명이 시위대 2명을 사살하고도 진압에 실패하자 후버 대통령은 군대에 진압을 지시했다. 이 지시에 따라 육군은 기병과 보병 각각 500명, 기관총 대대, 탱크 6대를 백악관 근처에 집결시켰다. 진압군대는 즉시 최루탄을 쏘며 인근 건물에 불을 지르고 보너스 군대의 천막으로 돌진하며 참전군인들과 격돌했다. 이 충돌로 참전군인 2명과 생후 11주 아기가 사망했고 8세 소년이 실명했으며 경찰관 2명과 참전군인 1,000명이 부상을 입었다. 당시 진압부대 책임자는 육군 참모총장 더글러스 맥아더 장군이었고 그 부관이 드와이트 아이젠하워 소령이었다. 조지 패튼 소령은 기병대 지휘관이었다.

이 보너스 군대의 시위 사태는 대규모의 시위 군중과 진압 군대가 수도 워싱턴 백악관 인근에서 충돌한 엄청난 사건이었다. '시위 진압에 경찰이 아닌 군대가 투입된 것이 적절했는지'의 문제, '부상한 시위대를 어떻게 치료·보상할 것인지' 등 여러 문제가 제기되었다. 영화사 MGM은 다음 해에 이 사건을 영화로 제작해 시위 진압 방식의 문제를 공론화했다.

내공황이 심화되면서 시위 사태 다음 선거에서 후버 대통령은 결국 재선에 실패했다. 대공황 심화에 대한 정치적 책임이 주 요인이었지만 이 사태에 대한 부적절한 대응도 영향을 미쳤다. 그러나 대통령의 지시에 따라 진압 부대를 지휘했던 맥아더 장군, 아이젠하워와 패튼 소령 등 직업군인에게는 아무런 책임을 묻지 않았다. 이들은 승진해 맥아더 원수와 패튼 장군이 되었고 군 지휘관으로서 제2차 세계대전에서 큰 공을 세웠다. 아이젠하워는 유럽연합군 총사령관을 거쳐 34대 미국 대통령이 되었다. 이 사건이 유명해진 데는 관련 인물들이 워낙 '역사적 거물'이라는 요인도 작용했다.

법치 구현 실태에 관한 국민의식 조사

우리나라 사람들은 '법치가 제대로 구현되고 있는가'에 대해 어떤 의식을 갖고 있을까? 한국법제연구원은 1991년부터 이후 6회에 걸쳐 '국민법의식 조사'를 실시했다. 2019년 조사는 19세 이상 성인 남녀 3,441명을 대상으로 하는 설문조사로 진행되었다. 법

● MGM이 제작한 영화는 〈가브리엘 오버 더 화이트 하우스Gabriel Over the White House〉다.
●● 강현철 외, 〈2019 국민법의식 조사연구〉, 한국법제연구원, 2019.

치주의 인식 지수는 기본권 보장, 입법부·사법부·행정부에 대한 인식 등을 포괄적으로 설문조사하는 방식으로 산출되었다. 이렇게 조사된 국민들의 법치주의 인식 지수는 100점 만점에 51점이었다. 이런 정도의 점수는 국민의 기대에 미흡한 결과가 아닐까?

'우리 사회에 법치주의가 구현되고 있는가?'라는 질문에 '그렇다'라는 긍정적 답변은 60.9퍼센트, '그렇지 않다'라는 부정적 답변은 39.1퍼센트를 차지했다. 아직도 국민의 4할 정도가 법치주의가 구현되지 않고 있다고 생각한다는 의미이다. 질문의 관점을 바꿔 '사람들이 평소에 법을 잘 지킨다고 생각하는가'라는 질문에는 '잘 지킨다'고 응답한 답변이 82.1퍼센트를 차지했다. 이는 2015년 조사의 91.7퍼센트에 비해 많이 감소한 수치이다. 조사 방법이 달라져 단순 비교는 어려울 수 있지만 '법을 준수한다고 보는가'라는 단순한 인식도 후퇴하고 있는 것으로 보인다.

'법치가 구현되지 않는 이유'에는 ①'사회 지도층의 법 준수 미흡'이 47.6퍼센트, ②'권위주의'가 20.1퍼센트, ③'부적절한 법 집행'이 20퍼센트, ④'국민의 법의식 부족'이 12.4퍼센트로 나타났다. 법치에 앞장서야 할 사회 지도층이 현실에서는 법 준수 실태에서 가장 미흡한 계층으로 나타났다.

'사회 규범으로 가장 의존하고 신뢰하는 규범이 무엇이라고 생각하는지'도 중요한 관점이다. '귀하가 가장 중요하게 따르고자 하는 규범이 무엇인가?'라는 질문에 대한 답변(두 개씩 답변)으로 '도덕·규범'이 74.4퍼센트, '법(률)'이 65.5퍼센트를 차지해 가장 중요한 기준으로 판단되고 있음을 알 수 있다. '관습·전통'이라는 답변은 30.8퍼센트, '권위·권력'은 23.5퍼센트를 차지했다. 이는 우리 사회에서 '도덕·규범'이 여전히 법과 비슷한 수준의 규범으로 인식되고 있다는 증거이다.

법 집행 실태에 대해 국민들의 정서를 확인한 설문 결과는 더 실감난다. '법이 공정하게 집행된다'에 '그렇다'라고 응답한 긍정 답변이 35.6퍼센트, '그렇지 않다'라고 응답한 부정 답변이 34.1퍼센트로 공정한 법 집행을 확신하지 못하는 국민들이 많다는 사실을 알 수 있다. 반면 '법이 힘 있는 사람의 이익을 대변한다'에는 긍정 답변('그렇다')이 64.4퍼센트, 부정 답변('그렇지 않다')이 11.9퍼센트로 분명한 차이를 보였다. 법이 공정하게 집행된다는 믿음이 약한 상황에서 법이 힘 있는 사람의 이익을 대변한다는 인식에는 확실하게 공감하는 정서가 그렇지 않다는 정서를 압도한 것이다.

사회의 주요 조직, 단체의 법 준수 실태에 대한 인식을 조사해보면 부정 답변의 비율이 가장 높은 집단은 '국회'로, '국회가 법을 잘 지킨다'에는 이를 부정하는 답변이 76퍼센트, 긍정하는 답변이 24퍼센트로 집계되었다. '대기업이 법을 잘 지킨다'에는 부정 답변이 73.3퍼센트, 긍정 답변이 26.7퍼센트로 나타났다. 국회와 대기업이 법을 잘 지키지 않는 대표적인 집단으로 인식되어 있는 것이다. '법 집행 관련 기관의 법 준수 여부'에 관한 국민들의 인식을 보면 부정 답변이 차지하는 비율이 높은 것을 알 수 있다. 부정 답변은 '검찰'이 58.6퍼센트, '법원'이 50.7퍼센트, '경찰'이 49.6퍼센트, '행정부'가 46.4퍼센트로 나타났다.

'법이 국민의 이익을 대변한다'에는 긍정 답변이 37.6퍼센트, 부정 답변이 22.9퍼센트를 차지했고, '분쟁을 해결한다'에는 긍정 답변이 54.1퍼센트, 부정 답변이 14.8퍼센트를 차지했다. '법이 권력을 통제한다'에는 긍정 답변이 35.7퍼센트, 부정 답변이 29.9퍼센트를 차지했다. '법의 역할' 자체에는 비교적 긍정적인 인식이 공유되고 있음을 알 수 있다.

또 다른 관점에서 '범죄자는 합당한 법의 심판을 받는다'에 대해서는 긍정 답변이 52.1퍼센트, 부정 답변이 47.9퍼센트로 대체로 수긍하는 편이지만 긍정 답변과 부정 답변 비율의 차이가 크지 않다. 반면 '구속·불구속 기준은 공평하다'에는 긍정 답변이 39.2퍼센트, 부정 답변이 60.8퍼센트로 구속 기준의 공정성에는 수긍하지 않는 정서가 표출되고 있다.

'법관의 재판에 영향을 준다고 생각하는 요인이 무엇인가'라는 질문에는 '사법행정권·법원 내 상급자'라는 답변이 72.6퍼센트, 그 다음으로 '국회·국회의원'이라는 답변이 70.9퍼센트로 가장 많았다. 또 '대통령·행정부'는 60.3퍼센트, '기업·재벌'이 48.8퍼센트를 차지했다. '법관이 독립적으로 재판한다'라는 국민의 인식은 사법부 독립을 가능하게 만드는 핵심 요건이다. 그러나 국민들은 법관을 그다지 신뢰하는 정서를 갖고 있지 않다고 판단된다.

준법정신과 소크라테스

헌법재판소가 2004년 초·중·고교 사회 교과서에 '헌법과 법치'에 관한 내용이 적절하게 다뤄지고 있는지를 파악하기 위해 전담 팀을 구성해 정밀하게 분석한 적이 있었다. 그 결과 사회 교과서 내용에서 여러 오류와 미비점이 발견되어 전담 팀이 교육부에 수정을 요청했다. 헌법재판소는 "과거 권위주의 정권에서 헌법을 '민법, 상법, 행정법 등 여러 법 중 하나' 정도로 설명하고 있고, 국민의 기본권은 공동체의 복리를 위해 늘 '양보해야 할 권리'로 취급됐다"라고 분석했다.

또한 이런 맥락에서 볼 때 교과서에서 소크라테스의 독배를 대표적 준법 사례로 인용하는 것도 적절하지 않다고 지적했다. 법치주의에서는 법률의 목적과 내용이 정당해야 하는데 소크라테스가 "악법도 법"이라며 법의 실질적 내용이 정당한지 따지지 않고 무조건 법을 지켜야 한다고 강조한 것처럼 학생들이 오해할 수 있다는 판단이었다. 이 때문에 사회 교육이 권위주의 정권을 정당화하는 수단으로 전락했다는 우려도 첨언했다. 헌법과 법치를 다룬 교과서에 논란의 소지가 있다는 내용이 담긴 것으로 보아 우리가 이런 부분을 소홀히 다뤄온 것으로 보인다.

소크라테스는 왜 자신에게 내려진 사형 선고를 받아들였을까? 소피스트들이 궤변과 웅변술로 시민 배심원들을 선동해 자신에게 불리하게 법이 적용되고 있다는 것을 알면서도 이를 지켜야 한다고 생각했을까? 이 같은 의문은 법치 문제에서 계속 토론의 대상이 되는 주제이다. 소크라테스에게 붙여진 죄목은 청년들을 타락시켰다는 것, 아테네 신을 믿지 않았다는 것 등 소크라테스가 수긍할 수 없는 자의적 혐의였다. 그렇게 붙여진 죄목이 유죄가 되는지에 대해서도 배심원들 사이에서 논란이 많았는데, 더구나 납득하기 어려운 최고 형량, '사형'이 선고되는 자의적 재판이 이루어졌다. 그럼에도 불구하고 탈옥을 권한 친구 크리톤의 제안을 단호히 거절한 소크라테스의 논리는 무엇이었을까?

그는 법정에서 그에 대한 혐의나 판결이 부당하다는 것에 대해서는 논리적으로, 명확하게 반박했다. 플라톤이 정리한 《소크라테스의 변명》에는 소크라테스가 법정에서 증언한 내용이 생생하게 정리되어 있다.[•] 사형이 언도된 후 소크라테스가 독배를 받아들이는 것이 옳다고 말한 것은 '사회에 통용되는 법을 지켜야 한다'는 그의 신념 때문이었다. "나는 아테네에서 시행되는 법 제도에 따르겠다는 약속을 했으니, 그 약속을 반드시 지켜야 한다."

아테네 시민으로 오랫동안 가정을 이루고 인간관계를 맺으며 살아왔다는 사실은 그곳에서 시행되는 법 제도를 존중하고 이를 지키겠다는 묵시적 약속, 일종의 계약을 한 것으로 보아야 한다는 판단이었다. 시민 배심원 제도가 수사와 웅변술로 무장한 소피스트들과 정치가들에 의해 악용되고 있다 해도 내가 살기 위해 오랫

● 플라톤, 황문수 옮김, 《소크라테스의 변명》(문예출판사, 2011).

동안 인정되어온 법 제도를 거부하는 것은 명분에 맞지 않는다는 논리였다. 아테네의 법 제도는 어떤 혐의로 고발되면 다수의 시민 배심원으로 구성된 법정에서 판결을 받게 되어 있었다. 소크라테스 재판에 참여한 500명의 배심원들은 그의 법정 증언에도 불구하고 그에게 유죄 판결을 내렸고 사형을 결정했다.

소크라테스의 승복이 역사에 길이 남게 된 이유는 '법 제도가 불합리하고 내게 불리하게 적용된다는 사실을 알면서도 이를 따랐다'는 데 있다. 탈옥을 권하는 친구 크리톤과의 긴박하고 솔직한 대화에 소크라테스의 생각이 명확하게 드러나 있다.

"아테네의 법률에는 법 제도가 마음에 들지 않은 시민은 언제든지 재산을 갖고 다른 나라로 이주해도 된다고 되어 있고, 실제로 그것을 허용해왔다. 그런데 그것을 잘 알면서도 오랫동안 아테네에서 살고 있다는 것은 그러한 법률을 따르겠다고 사실상 계약을 맺은 것과 같다."

"더구나 그동안 그런 법 제도가 옳지 않다고 이의 제기를 하지 않다가 이제 와서 조금 더 살겠다고 신성한 법을 이행하지 못하겠다고 하는 것은 옳지 않다"라고 말했다. 법의 결정(판결)이 개인에 의해 거부되고 짓밟히면 국가가 존속하기 어렵다고 본 것이다. 소크라테스는 자신의 사형 집행을 앞두고 탈옥하여 살 수 있는 길이 마련되어 있다는 친구들의 간청에도 불구하고 이를 거부하고 독배를 선택하는 용기를 실천한 철학자이다. 소크라테스의 논리에는 법치와 관련한 핵심 쟁점이 모두 포함되어 있어 법학 교과서와 같은 교훈을 준다. 이 논리가 다른 사람의 생각이 아니라 소크라테스 자신이 감옥에서 친구 크리톤과의 대화를 통해 제시했다는 사실에도 주목해야 할 것이다. 법치를 배울 때 반드시 알아야 하는 사례이다.

소크라테스는 '옳다고 인정하는 일을 행해야 한다'는 철학을 내세우고 실천한 용기 있는 현인이었다. 소크라테스가 "악법도 법이다"라고 직접 말했는지, 말하지 않았는지 따지는 것은 핵심을 벗어난 문제라고 생각한다.

법치 국가의 근본, 헌법

법 중에서 가장 중요하고 기본이 되는 법이 바로 '헌법'이다. 그러나 우리나라에서는 헌법의 권위가 매우 약하다. 사회 지도층을 포함하여 헌법을 존중하지 않고 심지어 관심을 갖지 않아서 잘 모르는 이들이 많다.

미국인들은 '민주주의의 보루로서 헌법을 존중하고 수호하자'는 의식을 공유한다. 건국 이래 미국인이 공통으로 수호하고자 하는 가치가 헌법에 규정되어 있다는 생각을 갖고 있기 때문에 가능한 일이다. 거의 매일같이 총기 사고가 일어나는 데도 막상 총기 소유를 규제하자는 법안이 제기되면 그것이 헌법 위반이라며 반대하는 여론이 많다.

미국의 수정헌법 제2조에는 '잘 규율된 민병대는 자유로운 주State의 안보에 필수적이므로, 무기를 소장하고 휴대하는 인민의 권리는 침해될 수 없다'라고 규정되어 있다. 독립 초기부터 총기 소유는 각 주의 안보뿐 아니라 시민과 가족의 생명, 재산을 지키기 위해 침해될 수 없는 헌법적인 권리로 간주되어 왔다. 이 헌법 때문에 반자동 소총 등 개인이 신변보호용으로 소지하기에는 지나치다고 여겨지는 종류의 총기류 소지를 금지하거나 총기 구매자의 신상 정보를 확인하는 것 같은 합리적인 규제 방안도 논란만 될 뿐 실제로 도입되지 않는 상황이다. 물론 미국 내에서 가장 강력한 로비 단체인 총기협회의 로비가 총기 규제의 걸림돌이라는 것은 공공연한 비밀이지만, 이들이 표면상 내세우는 근거가 바로 수정헌법 제2조이다. 미국은 일상생활에서 헌법을 수시로 인용하고 교육하며 존중하고 있다.

대한민국 대통령은 취임할 때 헌법 제69조에 따라 헌법을 준수하겠다는 선서를 한다. "나는 헌법을 준수하고 국가를 보위하며 조국의 평화적 통일과 국민의 자유와 복리의 증진 및 민족문화의 창달에 노력하여 대통령으로서의 직책을 성실히 수행할 것을 국민 앞에 엄숙히 선서합니다." 대통령이 헌법을 위반하면 탄핵 사유가 된다. 국회의원도 헌법을 준수하고 그 직무를 성실히 수행하겠다는 취임선서를 한다. 그런 취임선서를 하고 나서 실제 직무 수행 중 헌법을 제대로 준수하는지 따져 볼 일이다.

대학생들에게 "한국은 법치 국가인가?"라는 상식적인 질문을 할 때마다 고개를 갸우뚱거리며 자신 있게 대답하지 못하는 모습을 보게 된다. 청년들이 보기에도 '법치 국가'인 대한민국에서 나타나는 사회 현실이 "법치 국가가 맞다"라고 분명하게 답하기 어렵게 만드는 모양이다. 앞서 다룬 국민 법의식 조사를 통해 알 수 있듯이 일반 국민들의 법 감정에서 살피면 "법치가 완전하게 실현되고 있다"라고 말하기가 더 어려워진다. 대체 무엇이 문제일까?

먼저 헌법을 보자. 우리 헌법에는 '법치주의'라고 명시적으로 표현한 구절은 없지만 헌법 전반에 걸쳐 법치주의가 구현되어 있다. 우선 헌법이 국민의 기본권을 보장하고 있고, 국가 권력이 분립되어 있는 가운데 입법권을 가진 국회가 제정한 법률에 의해 국가 권력이 행사된다는 점에서 법치주의가 구현되어 있다고 볼 수 있다.

'법치주의 국가'이기 위해서는 법치의 형식적 요건과 실질적 요건이 모두 구비되어야 한다. 형식적 요건으로는 '법우선의 원칙'이 구현되어서 모든 국가 권력이 법에 기속되어 법에 따르게 될 때 비로소 법치가 실현된다. 이때의 법은 헌법의 범위 내에서 제정된 것이어야 법치주의에 부합한다. '모든 국가 기능이 법의 범위 내에서 이뤄진다'는 의미에서 '법에 의한 권력의 통제'가 법치주의의 핵심 요건이 된다.

실질적 법치주의가 구현되는지 따질 때는 법의 내용과 절차의 정당성을 기준으로 평가한다. 헌법은 국민의 기본권, 자유와 평등, 재산권 보호 등 중요한 내용을 잘 보장하고 있다. 현행 헌법은 1987년 민주화 과정에서 전면 개정되어 1988년부터 시행되고 있다. 당시 민주화 과정에서 과거 권위주의 정부에서 제정한 헌법을 민주화 시대에 맞게 전면 개정해야 한다는 국민의 요구가 컸다. 민주적 헌법을 갈망하는 국민의 열망을 반영해 1987년, 국회 내 교섭단체가 모두 참여한 헌법개정특별위원회가 구성되었고 여기에서 만장일치로 마련한 안을 여야 합의로 국회에서 의결한 것이 현행 헌법이다. 당시 국민적 합의를 도출하는 데 필요한 모든 절차를 거쳤으며 '참다운 민주화 시대의 전개를 향한 국민적 열망과 정치인의 시대적 사명이 함께 담긴 것'이라는 평가를 받았다.●

실제로도 대통령직선제, 구속적부심사제 도입, 언론·출판·집회·결사에 대한 허가 및 검열의 금지, 근로3권의 보장 등 국민의 생명과 신체에 대한 보호 등이 대폭 강화되었다는 평가를 받는다. 따라서 헌법은 법치주의의 실질적 요건을 충족하고 있다고 판단할 수 있다. 이와 같이 현행 헌법은 당시에 할 수 있었던 국민적 합의 과정을 두루 거쳐 국회에서 만장일치로 합의, 의결되었다는 것을 기억하자. 당연히 이 헌법을 개정하기 전에는 모든 국가기관은 현행 헌법을 준수하고 헌법의 틀 안에서 권한을 행사해야 한다.

그럼에도 불구하고 정치 관련 법안 뿐 아니라 기업 규제·공정경제에 관한 법안, 부동산임대차법안 등 많은 입법 과정에서 절차나 내용에 관한 위헌 시비가 끊이지 않는다. 이런 논란은 헌법에 대한 이해 부족, 헌법을 존중하지 않는 의식에서 비롯된 것이다.

● 국가법령센터 홈페이지 〈1987년 헌법개정안에 대한 개정 이유〉에 명시되어 있다.

그동안 사람들은 현행 헌법의 내용과 개정 과정에 관해 잘 모르고 관심도 크지 않았다. 법치에 관한 논의는 헌법에서 출발하기 때문에 헌법에 대하여 잘 이해할 필요가 있다.

요컨대 우리나라의 법률은 헌법의 틀 안에서 국민이 민주주의 절차로 선출한 국회에서 정당한 절차를 거쳐 제정된 것들이다. 어느 국민도 "이 법은 공정하지 않으니 못 지키겠다"는 식으로 일방적으로 주장할 수 없다. '법이 공정하다, 불공정하다'는 주장은 상대적이고 주관적이며 그렇게 제기된 주장에 모두가 공감할 수 있는 것도 아니다. 어떤 법이 헌법 취지에 위배된다고 판단되면 헌법재판소에 위헌법률심판을 신청해 구제받을 수 있다.

최근 '법치의 훼손이 심각하다'는 여론이 높다. 2020년 집권 여당이 다수 의석을 확보하며 국회에서 입법권을 독점하고 행정에서는 법 규정을 넘어 자의적으로 법을 집행하고 있다는 비판이 일고 있다. '현행 헌법이 엄존하는 상황에서 헌법에 보장된 국민의 표현의 자유, 양심의 자유를 침해한다', '기업 경영에 대한 과도한 규제와 개입, 재산권 행사에 대한 제약 등을 규정하는 입법을 대량 생산하고 있다'라는 지적도 있다. 집권 여당이 다수결 원리에 따라 자신들의 정치 노선과 부합하는 법안을 제정할 수 있으나, 다수결을 따른다 해도 헌법 질서를 위반하는 입법은 문제의 소지가 있다.

위헌 여부 등 쟁점이 많은 법안은 충분한 시간을 갖고 여야 간, 전문가와 이해단체 간 충분한 논의를 거쳐 숙고해가면서 입법해야 한다. 여야 간 의견 대립이 심하다고 해서 법에 규정된 토론과 심의 절차를 생략하는 것은 명백한 '절차의 문제'다. 상대방을 파트너로 신뢰해 적으로 규정하지 않고 존중해야 한다는 규범, 법적인 권한도 절제해서 행사해야 한다는 규범을 지키는 것이 민주주의를 발전시키는 길이다. 많은 논의를 하고 나서 최종적인 합의에는 이르지 못하더라도 서로 간 예상되는 부작용, 가능한 대안, 이해당사자 간 절충 방안 등을 충분히 협의하면 상대방 역시 끝까지 반대하지 않고 타협에 이를 수 있을 것이다.

역사적으로 법 제도는 오랜 기간에 걸쳐 이해 집단 간 이루어진 논의와 타협의 산물이라는 것을 기억하자. 충분히 논의하고 타협해야 새로운 제도를 만들어도 반대가 크지 않고 제도의 정착, 사회 통합이 가능하다. 반면 충분한 논의 기회도 주지 않은 채 반대를 무릅쓰고 졸속으로 입법하게 되면 정치 갈등 심화와 사회 불안정 같은 후유증이 뒤따른다. 또 입법이 되어도 원활하게 시행되지 않는다. 나라의 근간 시스템인 법 제도를 바꾸는 일을 서두르는 것은 어느 경우에도 바람직하지 않으며 많은 후유증을 남길 것이다. 이제까지의 경험을 통해 정권이 바뀌거나 국회의 다수당이 바뀌면 무리해서 입법한 법안이 바로 재심사의 대상이 되고, 법제도가 정착되기도 전에 변경되는 악순환을 초래할 수 있음을 알 수 있다.

정권에 따라 달라지는 법치 해석

정당한 절차에 따라 만들어진 헌법과 그 틀 안에서 제정된 법률이 있음에도 불구하고 우리나라에 법치가 충분히 정착되지 않았다는 사실을 알려주는 한 가지 증거는 '정권에 따라 법치에 대한 판단이 크게 달라진다'는 점이다. 진보정권일 때와 보수정권일 때 법치의 핵심 영역인 사법부의 독립 여부, 국가 권력의 법적 기속 여부, 법 앞의 평등, 언론·집회·결사의 자유, 노동기본권의 보장을 판단하는 기준이 달라진다.

예를 들어 진보정권이 들어서면 야당 정치권과 보수 언론에서 법치의 핵심인 '사법부 독립'을 진보정부가 방해하고 있다고 비난한다. 보수정권이 들어섰을 땐 진보 언론과 야당이 대법관의 임명이나 법원 판결의 독립성이 침해되고 있다고 비판하는 식이다. 주로 법 집행과 제도 운영에 대한 비판이 제기된다. 그동안 진보정권, 보수정권을 막론하고 반대 진영에서는 대통령 측근의 비리나 정치인·경제인 특별사면, 국회의원에 대한 특혜 등을 지적하며 법 집행이 공평하지 않다는 비판을 수시로 제기했다.

진보 매체는 정부가 법질서 확립을 명분으로 헌법에 보장된 집회와 시위의 권리를 충분히 보장하지 않는다고 비판했다. 반면 보수매체는 노동자 집회·시위의 위법성과 폭력성을 부각하며 정부

● 박찬표, 〈한국의 보수파와 진보파의 법치이념 비교연구〉, 의정연구 제23권 제3호, 2016.

에 엄정한 법 집행을 요구했다. 노동권 행사에 대해서도 보수매체는 노동단체가 불법 폭력시위로 법질서를 문란하게 한다고 비판하는 데 반해 진보매체는 정부가 공권력을 과잉 행사해 노동권을 충분히 보장하지 않는다고 비판했다. 이렇게 똑같은 사안에 대해서도 권력을 쥔 진보정권 혹은 보수정권을 향해 법 집행이 공정한가, 공정하지 않은가에 관해 의견이 대립한다. 진영의 시각에서 주관적으로 판단해 법치가 제대로 시행되고 있지 않다는 의문을 제기한다. 정책의 적정 여부에 대해 논쟁하는 것은 이해되지만 법치 실현 여부에 대해서도 이렇게 논란을 벌이는 일이 과연 타당한가?

그간 진보와 보수 진영 간 법치 논쟁은 '법치에 대한 근본적 문제 제기'가 아니었다. 앞서 소개한 국민 법의식 조사 결과처럼 실제 법의 내용에 관해 이야기하는 것도 아니며 주로 불완전한 시행과 불공정한 집행에 관한 문제 제기였다. 결국 형식적으로 법치가 시행은 되고 있지만 아직 완전히 정착하지 못했다는 인식에서 생겨나는 문제라고 생각한다.

법의 지배와 법에 의한 지배

한국인들은 '법'과 관련해 좋은 경험을 가진 역사가 별로 없다. 조선시대에 법은 지배계급이 백성을 착취하고 억누르는 수단이었다. 또 일제의 식민통치, 권위주의 정권을 거치면서 정부에 대한 저항이 정의로 여겨지는 시대도 겪었다. 국민들은 '통치자에게 봉사하고 국민에게는 군림하는 법과 공권력'이라는 기억을 완전히 버리기 어려웠다. 이 기억이 법에 대한 불신을 더욱 심화시켰다. 과거에는 공권력을 행사하는 경찰을 권위주의 정부의 앞잡이로 보기도 했다. 권위주의 독재정부가 아닌 민주정부를 가진 지금도 국민의식은 크게 달라진 것 같지 않다.

흔히 법치주의 논의에서는 '법의 지배Rule of Law'와 '법에 의한 지배Rule by Law'를 구분한다. '법의 지배'에서는 통치자도 법의 구속을 받는 반면, '법에 의한 지배'에서는 법을 통치의 수단으로 삼아 통치에 이용한다는 점에서 차이가 있다. 법에 의한 지배 원리에 따르면 통치자는 법을 만들지만 자신은 그 법에 의해 구속되지 않는다. 중국의 황제는 법 위에 있는 절대 통치자였고 법에 기속되지 않았다. 독일의 나치정권은 '수권법'이라는 법률에 근거해 행정부가 무제한의 행정 입법을 통해 자의적인 권력을 행사할 수 있는 합법적인 통치 체제를 만들었다. 형식상 법에 의한 통치를 하지만 그 법의 내용은 행정부에 무제한의 권력을 주는 통치를 합리화하는 것이었다. 이러한 경우에는 법이 국민을 억압하는 수단으로 전락할 수 있다. 한국에서도 유신 체제나 5공 체제는 이런 성격의 정권으로 이해되고 있다.

이와 달리 '법의 지배' 원리는 사람이 아닌 법이 지배한다는 의

● 《지식의 지평 13호》에 실린 〈한국 사회에서의 법치주의〉(김도균)를 참조했다.

미로서, 통치자를 포함한 모든 사람이 법의 구속을 받는다. 이 점이 '법에 의한 지배'와 구별되며 모든 사람은 법 앞에 평등하다. 사실 법의 지배, 즉 법치는 통치자의 자의적인 지배, 곧 인치人治에서 벗어나기 위해 국가 권력이 권력을 행사하는 규칙을 법으로 제도화하고 미리 정해놓은 법에 의해 통치하자는 의미이다. 우리가 지향하는 법치는 '법의 지배'이다.

국제정치학자 후쿠야마는 법치주의의 실현에는 두 가지 조건이 성립되어야 한다고 강조한다. 첫째, 법 제도의 내용이 정당성을 갖고 공정하게 확립되어야 한다. 이는 법이 사회의 공정한 규칙을 규정해야 하며 적어도 법률이 정당한 절차를 거쳐 제정되어 권위를 가져야 함을 전제로 한다. 둘째, 누구에게나 공정하게 집행되어 국민들이 그 법을 공정하다고 신뢰하고 준수하려는 의식이 갖춰져야 한다. 법이 부와 권력을 가진 자까지도 포함하여 누구에게나 공정하게 집행된다는 믿음이 있어야 국민들이 법을 존중하게 된다. 통치자, 권력자에게도 법이 공정하게 집행된다는 신뢰가 형성되는 것이 오랜 세월에 걸쳐 법치주의가 확립된 서구의 경험에서 얻는 핵심 교훈이다.

대한민국이 법치가 약한 데는 후쿠야마가 제시한 두 가지 전제 조건을 충족하는 데 여전히 부족한 부분이 있기 때문이다. '법이 공정한가에 대한 국민의 주관적인 인식 문제'를 들 수 있다. 과거

● 프랜시스 후쿠야마, 함규진 옮김, 《정치 질서의 기원》(웅진지식하우스, 2012), p.295.

권위주의 정권 하에서 국민들은 만들어진 법체계에 대한 반발로 법이 공정하지 않고 특정 계층에 편파적이라는 인식, 법은 국민을 억압하는 통치의 수단이라는 인식을 갖고 있었다. 그래서 '법을 지키지 않고 저항하는 것이 민주적 행동'이라는 의식이 아직 남아 있다. 2019 국민법의식 조사에 의하면 '법이 잘못 만들어졌다면 지키지 않아도 된다'라는 질문에 아직도 '그렇다'라고 긍정하는 답변이 12.2퍼센트나 됐다. 여전히 법을 신뢰하지 않는 분위기가 만연하며 법의 권위도 떨어져 있다. 또한 법 집행이 권력과 부를 가진 자들에게 유리하게 적용된다는 인식이 법 집행에 승복하지 못하게 만들고 준법의식을 약화시킨다. 공정한 법 집행의 문제는 집중적인 논의가 필요하다.

법치의 몰락,
원인은 따로 있다

유전무죄와 법 집행의 공정성 문제

'법 집행의 공정성 여부'에 관한 논의는 법치 사회의 대표적 사례로 시작하자. 2013년, 미국의 시위 현장에서 경찰이 폴리스라인을 넘어선 하원의원(당시 83세)을 현장에서 바로 수갑 채워 연행한 장면이 우리나라 신문에 실렸다. 당시 집권 여당 민주당 소속이었던 22선 하원의원은 불법도로 점거와 공무집행 방해 혐의로 현장에서 체포되었다. 이 사진 한 장으로 미국 법치 행정의 수준이 생생하게 증언된 셈이다. 경찰은 당당히 수갑을 채웠고 하원의원도 별다른 저항을 하지 않았다. 미국에서는 부자와 권력자를 막론하고 법을 집행하는 경찰과 소방관에게 항의하면 바로 공무집행 방해죄로 체포된다.

그러나 대한민국에서는 국회의원은 폴리스라인을 넘어도 체포되지 않는다. "내가 누군지 아느냐?" 소리치며 시위 진압 경찰을 폭행하는 의원도 처벌받지 않는다. 오히려 법을 집행하는 경찰이 질책을 받기도 한다. 왜 한국의 국회의원은 미국의 의원처럼 스스로 법 위반을 인정하고 처벌을 받으려 하지 않을까?

법 제도와 관계없이 특권 계층은 일반 서민과 다른 대우를 받는다. 권력, 부를 가진 국회의원이나 부자는 법을 위반해 처벌받아도 그다지 걱정하지 않는다. 이들은 대통령 사면으로 면책되고 복권되어 다음 선거에 출마하거나 경제 활동하는 데 큰 지장이 없다. 매년 되풀이되는 대통령의 사면권 행사가 법의 권위를 떨어뜨린다. 그동안 사면 조치는 1년에 몇 차례씩, 대규모로 시행됐다. 반복되는 행위는 관행이 되어 사람들로 하여금 다음에도 '이 일이 가능할 것'이라 믿게 하거나 '일종의 권리'라고 주장하게 만든다. 위법 행위로 처벌 받게 되더라도 사면 받을 수 있다면 법을 무겁게 생각할 이유가 없다. 법을 준수하는 사람은 오히려 손해를 본다. 부와 권력을 가진 사람은 법 위반을 걱정할 필요가 없는 사회, '유전무죄有錢無罪' 인식이 있는 사회는 진정한 법치 국가라 할 수 없다.

대한민국 사회에 '유전무죄 무전유죄有錢無罪 無錢有罪'라는 유행어를 크게 확산시킨 계기가 된 '지강헌 사건'이 있다. 1988년 10월 16일, 서울 북가좌동의 한 가정집에서 교도소 탈주범 네 명이 한 가족을 인질로 잡고 경찰과 대치하는 사건이 벌어졌다. 탈주범들이 경찰

특공대와 대치하다가 10시간 만에 자살하거나 사살되는 유혈극으로 마무리되었다. 탈주범 중 마지막까지 남았던 인질범이 지강헌이다. 그가 죽기 전에 외친 "유전무죄 무전유죄"는 우리 사회에 강한 충격을 줬다.

당시 탈주범들이 인질들에게 밝힌 탈옥 이유는 "우리가 저지른 강도, 절도죄에 내려진 징역 10~20년 형량은 과중하고 공정하지 않다"라는 반발이었다. 일곱 차례에 걸쳐 현금, 승용차 등 약 556만 원을 절도한 지강헌의 죄는 징역 7년, 보호감호 10년으로 사실상 17년형이었다. 반면 당시에 논란이 된 전두환 전 대통령의 동생 전경환 씨는 수백 억 원을 횡령하는 죄를 저지르고 징역 7년형을 선고받았다. 그는 3년 후 석방됐다. 이때 지강헌은 "돈 없고 권력 없이는 못 사는 게 이 사회이다. 유전무죄 무전유죄, 우리 법이 이렇다"라고 외쳤다. 그의 마지막 항변이었다. 지강헌 등 탈주범들은 돈 있고 권력 있는 자는 특혜를 받고, 돈 없고 권력이 없으면 중형을 받는 상대적 불평등에 격노했다.

그 후 2011년, 시민단체 법률소비자연맹에서 성인남녀 2,900여 명을 대상으로 '유전무죄 무전유죄'에 동의하는지 물었더니 80퍼센트 이상이 '그렇다'고 답했다. '우리 사회에서 법이 잘 지켜지고 있다'는 답변을 한 이는 10명 중 2명으로 20퍼센트에 불과했다. 또한 응답자의 절반 이상은 법이 잘 지켜지지 않는 이유로 '법보다 이른바 '빽'이 효과적이어서'라고 답했다. 이렇게 법치에 대한 불신이 깊다 보니, "법대로 합시다"라는 말을 들었을 때는 '몰인정하다고 느껴지고 불쾌하다'는 의견이 42퍼센트, '법을 지키면 손해'라는 의견도 40퍼센트를 넘는 비율로 집계됐다.

법에 대한 불신이 준법의식을 가로막는다. 우리나라 사람들은 법이 마음에 들지 않으면 '그런 법이 어디 있나?', '그런 법은 못 지키겠다' 생각하는 경향이 있고 정치인들도 이를 부추긴다. 법이 내가 가진 도덕 기준에 부합하지 않으면 그 법은 결과적으로 나를 옭아맬 것이며 나에게 불리한 법은 잘못된 법, 부당한 법이라고 생각한다. 그래서 과거의 권위주의 정부 시절에 그랬듯이 '그런 법은 지킬 필요가 없다'라는 사고가 남아 있다. 법이 가져야 할 권위와 신뢰가 아직 많이 부족하다고 판단할 수밖에 없다. 그러나 법의 정당성에 대한 주관적 판단을 내세워 '법이 내가 생각한 정당성 요건을 다 갖추어야 존중하겠다'라는 사고는 수용될 수 없다.

결국 '법치주의 요건'의 문제가 아니라 '법에 대한 불신과 법 집행'의 문제이다. 아직 선진사회의 핵심 요건인 법치가 아직 우리 사회의 문화로 정착되지 못했고 많은 사람들이 한국에서 법치주의가 제대로 구현되고 있다는 확신을 갖고 있지 않다. 대한민국의 법치가 불완전하다는 인식은 법의 내용보다는 주로 법 집행의 공정성 문제, 법이 엄정하게 시행되지 않는다는 인식에서 기인한다는 사실에 주목해야 한다. 법치의 구현을 위해 더 관심 갖고 노력할 부분이 무엇인지를 확실히 보여주기 때문이다. 소크라테스가 그랬듯이 사회 지도층은 솔선하여 법을 존중하는 문화를 조성해야 한다.

동양식 법치, 법가의 사례

서양과 동양에서 법치주의에 관한 인식이 달랐던 기원에 대해 후쿠야마는 '종교와 통치권의 관계'에 초점을 맞춘 흥미로운 분석을 내놓았다. 그의 분석에 따르면 중세 유럽에서는 기독교 교회 권력이 통치 권력을 압도하던 시기가 있었는데, 이때는 교황이 교회법을 제정했고 통치자를 포함, 모두가 교회법을 따라야 했다. 왕이나 군주는 통치 권력과 독립된 종교적 권위가 따로 존재한다는 사실 때문에 군주 자신이 궁극적인 법의 원천이 아니며 자신도 평민과 같이 법을 지켜야 한다는 인식을 갖게 되었다. 예컨대 교황이 만든 결혼과 상속에 관한 법령은 군주도 따라야 했다.

반면 중국에서는 종교도 황제의 권위에 절대복종해야 했고 황제를 앞서는 행위는 결코 허용되지 않았다. 법은 황제가 제정하는 것이며 모든 종교 사제들 또한 법에 기속된다는 점에서 일반 평민과 다를 바 없었다. 서양에서는 종교법을 계기로 통치자도 법에 기속되는 반면, 동양에서는 통치자는 법의 밖에 위치하며 법에 기속되지 않는 문화가 만들어진 배경이 되었다.

과거 동양에서 이루어진 법치는 '법에 의한 통치'를 말하며 상앙, 한비자와 같은 이른바 법가의 정치에 의해 구현되었다. 전제정치 하의 법은 오늘날 법치 국가의 법과는 다르다. 과거의 법치는 우리가 논의하는 법치의 형식적 요건과 실질적인 요건을 갖추고 있지 않았다. 당시에 통용된 법이 엄정하게 진행되는지, 공평하게 시행되는지는 국가마다 차이가 있었고 그 차이가 국가 통치의 효율성과 국력을 좌우했다.

중국 고대의 법은 율령_{律令}으로, 율이 형법이고 영은 행정법이었다. 중국에서 법은 주로 형법 중심으로 발달했다. 통치자가 정한 법령을 피지배자가 어길 때 처벌해서 법질서를 확립하는 것이 율령의 목표였다. 통치자는 애초에 그런 법을 적용받는 대상에서 벗어나 있었다. 로마법은 민법과 형법 등을 아우르며 발달했지만 특히 개인 간 권리·의무와 재산에 관한 민법, 즉 사법이 발달해 있었다. 이렇게 법이 논의될 때도 동양과 서양에서 중요하게 생각하는 관점과 내용이 달랐다.

진나라 통일의 기초를 닦은 상앙은 '엄정한 법치'를 기반으로 통치했다. 상앙의 법치는 '신상필벌' 원리를 통해 부국강병을 실현하는 것을 목표로 했다. 공이 있는 사람에게는 상을 주고 잘못한 사람에게는 벌을 주는 정치 원리가 신상필벌이다. 이때의 법은 주로 형법을 의미했다. 진나라에는 엄정하고 가혹한 법 집행 때문에 백성들의 원성이 자자했는데, 신상필벌의 정치가 정착되고 나서는 백성들도 적응하여 편안해졌으며 신상필벌은 국가를 부강하게 하는 통치 이념으로 주목받았다.

동양에서는 춘추전국시대부터 국가의 통치 원리로 법을 중시하는 법가와 덕을 강조하는 유가의 학설이 대립했다. 법가가 득세한 진나라 시대도 있었지만 한나라 이후 법으로 통치의 기본 제도를 마련하고(법치) 그 바탕 위에서 지도자가 덕을 베풀어 통치하는 것(덕치)이 보편적인 통치 원리로 정착되었다. 그런데 성리학을 유일한 통치 철학으로 삼은 조선은 '리理의 철학', 도덕으로 사회를 지배했다. 도덕정치를 추구한 유학 국가 조선에는 법보다 도덕이 더 우위에 있었고 법은 도덕정치를 구현하는 통치 수단에 불과했다. 성리학 이념을 압축한 삼강오륜이 그 자체로 통치 원리가 되었으며 법은 처벌 수단의 일부였다. 법 위반 여부를 떠나 도덕 기준인 삼강오륜에 위배되는 행위는 처벌 대상이 되었다. 삼강오륜을 위반한 죄는 무거운 처벌을 받았다. 지방에 설치된 향청에서 통상 70~80대의 매를 맞거나 마을에서 쫓겨나기도 했다. 고을 원님에게 불려가면 더 무거운 형벌을 받았다. 법치가 아닌 도덕정치의 일환이었다. 이렇게 출발한 '도덕 우위' 관념은 현대에도 이어졌다.

조선의 문화가 무너뜨린 준법정신

'준법정신이 부족한 한국인' 문화는 유교 이념에 따라 도덕정치를 표방했던 조선의 문화에서도 많은 영향을 받았다. 특히 조선 중기 반상제가 초법적인 사회 제도로 확립되면서 서민들의 '법에 대한 피해의식'이 심화되었다. 엄격한 신분제 사회였던 조선에서 신분에 관한 법령은 모든 사람에게 적용되는 가장 중요한 제도였다. 조선의 기본법이자 오늘의 헌법과도 같은 경국대전에는 초기부터 양천제를 시행한다고 규정해 모든 사람을 양인과 천민의 두 신분으로 구분했다. 양천제는 최하위 계급인 천민을 제외한 모든 사람은 양인으로서 동등한 권리와 의무를 갖는 체제였다. 그러나 이 제도는 경국대전 법전 속에서만 지켜졌을 뿐 조선 중기 이후에는 양천제가 아닌 반상제라는 신분제가 운영되었다. 양반은 현직 관료로 재직하는 동반(문관)과 서반(무관)을 함께 지칭하는 용어였다. 양반이라는 계급은 법적으로 규정된 신분이 아니었으며 현직 관료가 된 양인이 양반으로 불렸다.

반상제 이후 모든 사람은 양반과 상민으로 구분되었다. 법률의 개정도 없이 사회 관행으로 신분제가 양천제에서 반상제로 변경된 사실이 조선 문화의 단면을 상징적으로 보여준다. 양반이 아닌 일반 양인들은 이제 상민(상놈)으로 불리게 되었다. 상민의 범주에는 종전의 천민도 포함되므로 양인이었던 상민은 갑자기 신분이 격하된 셈이었다. 조선에서 법치가 제대로 시행되었다고 할 수 없는 가장 중요한 근거가 바로 '법 개정이 아닌 사회 관행에 의한 신분제 변경'이다.

당시 가장 중요한 제도였던 신분제는 법 제도와 다르게 양반 위주로 집행하면서도 일반 상민들이 법을 위반하면 엄정하게 책임을 물었다. 사법기관도 구분되었다. 양반과 관리의 범죄는 의금부에서, 상민의 범죄는 형조에서 다루었다. 상민들이 보기에 법은 지배층에는 영향을 주지 않는, 서민들을 억압하기 위한 규정일 뿐이었다. 서민들에게 법에 대한 반감이 생기지 않을 수 없었다.

엄격한 신분제, 반상제 하에서 양반 계층이 농촌에서 상민과 함께 거주한 것은 신분제가 농촌의 일상 구석구석까지 고착화되는 결과를 낳았다. 고려 때 하층민들이 향·소·부곡 등 특수 행정 구역에서 따로 거주하는 체제를 폐기하며 생긴 변화였다. 지배층이 농민과 분리되어 주로 도시에 거주했던 중국, 일본과도 다른 점이다. 농촌에 함께 거주하는 조선 양반들은 양반에 대한 상민의 예의, 상부상조 의무 등 공동체에서의 엄격한 질서를 향약에 명시하고 유향소(향청)를 만들어 농민들에게 이행을 강제했다. 향약 규범을 어기는 농민은 지역 차원에서 향벌이라는 엄중한 처벌을 받았다. 향벌은 국가가 공권력으로 집행하는 처벌이 아니라 농촌에서 양반 사족들이 자체적으로 정한 규범과 그 위반에 대해 그들이 정한 처벌 규정에 따라 시행하는 벌칙이다.

향벌을 제정하고 집행하는 일은 모두 양반 사족이 맡았다. 향약 위반자에 대한 향벌 집행에 있어서도 양반과 상민은 다른 처벌을 받았다. 퇴계가 만든 예안향약이나 율곡이 작성한 해주향약에는 양반과 상민에 대한 처벌이 각각 따로 규정되어 있다. 향촌의 지배층 양반은 벌칙 적용에 있어서도 특권을 인정받는 계급이었다. 율곡이 마련한 해주향약의 벌칙 사례를 보자. 술에 만취해 상을 치르거나 제사에 참여한 불경한 자, 정처를 소박 맞힌 자는 최고 등급의 처벌을 받게 되어 있었다. 양반 사족은 이런 죄를 저지른 경우 뜰에 잠시 세워 두거나 어른들이 앉은 자리에서 면전 문책되는 벌을 받았다. 반면 상민들은 곤장 40대를 맞는 규정이 적

용되었다. 향벌은 양반에게는 느슨하게, 상민에게는 엄격하게 적용되었다.[•]

1569년 진주에서 한 유생의 처 간통 사건이 일어났다. 유생 집안의 간통 사건이 알려지자 분노한 마을 유생들이 몰려가 그 집에 불을 지른 뒤 헐어버리는 사건이 발생했다.[••] '사적 제재'가 이뤄진 것이다. 이 사건이 조정에 보고되자 선조 임금과 관료 유학자들이 처리 방향을 놓고 열띤 논쟁을 벌였다. "간통 사건을 처벌하는 것은 마땅한 일이지만 처벌은 법령에 따라 국가의 공권력으로 가해져야 한다. 유생들이 자체적으로 향벌을 내리는 것은 유생의 법도를 넘어서는 무뢰배의 행위다"라고 기대승 등의 관료가 비판했다. 논쟁 끝에 주모자는 처벌해야 한다는 의견이 많았지만, 현지 수령에게 맡겨 처리하기로 결정되었고 양반 계급 유생에 대한 처벌은 흐지부지되었다. 이 사건을 실록에 기록한 사관은 영남 지방에서 규범 위반자 집을 부수고 고을에서 쫓아내는 향벌 풍습이 이를 선례로 하여 생겨났다고 기록했다.

조선은 제도적으로 경국대전 등 법전을 갖추고 법에 의한 정치를 표방했으나 실제로 법이 제대로 집행될 수 있는 체제와 문화를 갖추려는 의지도 없었고 노력도 하지 않았다. 세부적인 하위 법령을 충분히 갖추지 않았고 법전의 보급, 법률 교육, 법률 전문가 육

● 　규장각한국학연구원 엮음, 《조선 양반의 일생》(글항아리, 2009).

●● 　《조선왕조실록》 중 〈선조 2년 5월 1일, 5월 21일〉에 해당한다.

성에 별 관심을 두지 않았다. 11세기부터 대학을 설립해 법학 교육을 시키고 법률가를 양성한 유럽과 비교하면 법과 법치에 관한 의식이 크게 뒤떨어져 있었다는 사실이 드러난다. 유학 이념은 실정법을 그다지 중시하지 않는 문화를 주도했다.

준법정신을 고취한 근대 일본

19세기 후반 일본에는 일본이 봉건체제에서 벗어나 근대국가로 전환하기 위해서는 준법정신이 고취되어야 한다고 판단한 선각자가 있었다. 후쿠자와 유키치는 메이지 유신 이후 일본이 서양을 따라잡기 위한 다방면의 개혁을 추진하는 과정에서 '국민 계몽'에는 학문 권장과 준법정신이 핵심이라는 사실을 파악했다. 그가 1870년대에 출판한 《학문의 권장》에는 17편의 이야기 중 한 편 전체가 '준법정신을 고취하자'는 내용으로 이루어져 있다.[•] 메이지 유신으로 근대국가를 지향하던 일본 국민들이 아직 근대적인 법체계와 준법의 취지를 잘 몰라 법을 지키지 않을까 우려해 이 내용을 특히 강조한 것이다. 근대국가로 진입하기 위해 언뜻 보기에 관련이 없어 보이는 '국민의 준법정신'을 먼저 강조한 데서 통찰력이 돋보인다.

● 후쿠자와 유키치, 남상영 옮김, 《학문의 권장》(소화, 2003).

그는 준법을 강조하기 위해 '국민이 정부에 정책 수행의 권한을 위임한 뒤 정부가 정한 법률을 위반하는 것은 국민 자신이 만든 법을 지키지 않은 것'이라는 논리를 정립했다. 이어 "죄인을 처벌하는 것은 정부의 권한이자 책임이므로 강도나 원수를 개인이 나서서 사적으로 처벌하는 것 자체가 국법 위반이며 절대 해서는 안 되는 행위"라고 강조했다. 봉건 시대의 관행으로 무사들에게 사적인 제재를 용인하던 행태가 근대국가에서도 되풀이될까 우려하여 상세한 예를 들어 설명한 것이다.

또 "국법의 위중함은 모르고 법을 집행하는 관리들만 두려워하는 풍조가 잘못되었다"고 지적했다. 법망을 교묘히 피해 처벌을 면하는 사람을 재주가 있는 사람이라고 칭찬하는 일을 개탄했다. 관리에게 적발되면 반성하기보다 나만 재수가 없어 들킨 것으로 생각하는 실태를 지적했다. 또 법을 최대한 간단히 만들되 만들어진 법은 반드시 엄격하게 시행되어야 한다고 강조했다. "법에 문제가 있다고 느끼더라도 시행된 것은 사적으로 시비하지 말고 반드시 지켜야 한다. 법에 문제가 있다면 정부에 법 개정을 호소해야 한다"라고 얘기했다. 1870년대에 쓰인 책이나 지금도 설득력이 있는 견해를 담고 있다.

한국인의 온정주의와 도덕주의

한국인은 도덕지향적인 이성과 더불어 열정이 넘치고 온정적인 감성을 가지고 있다. 이른바 '한국인의 냄비근성'은 쉽게 감정이 끓어오르는 감성적 성향을 부각시켜 말한 것이다. 오랫동안 한반도에서 단일민족으로 지내다 보니 공동체 일원으로서의 동질감과 일체감, 평등의식이 형성되었다고 본다. 공동체의식에서 '온정주의'도 나온다. 주변 사람이 어려움에 처하면 본능적으로 동정론을 제기한다. 법치는 이성의 영역이고 감성적인 온정주의와는 잘 부합되지 않는다. 그래서 온정주의가 주도하면 법치가 약화되기 쉽다.

구체적인 사례로 이야기해보자. '법을 엄정하게 집행하자'는 의견이 있는가 하면 온정주의에 사로잡혀 '적당히 눈감고 넘어가자'는 감성에 이끌린 의견도 표출된다. 엄정하게 법을 집행하다가 위반자가 상해를 입거나 위반자의 가족 또는 개인적 애로상황이 부각되면 여론은 감성적인 동정론을 내세우기도 한다. 집단 시위 현장에서 경찰 진압이 이루어질 때 시위대가 부상을 입은 장면이 TV에 보도되면 '불법 시위'는 잊혀지고 '경찰이 지나치게 심하게 대응했다'라는 동정론이 형성된다.

심지어 중범죄자의 범죄 사실에도 '어려운 형편 때문에 어쩔 수 없는 상황에 몰려 범죄를 저질렀다'는 식으로 언론이 보도하면 죄상이 잊히고 동정론이 형성되기도 한다. 잘못 발현된 온정주의 때문에 엄격하게 법을 집행하기 어려운 상황이 자주 발생한다. 이제는 이런 온정주의에서 벗어나 엄정하게 법을 집행하는 문화를 만들어야 한다. '어려운 처지에 있는 사람을 돕는 일'은 사회복지 차원에서 다룰 문제이지 법적 판단이나 법 집행에 적용해 다룰 일이 아니다.

그런가 하면 도덕주의가 처벌을 주도한 사례도 있다. 2014년 12월 5일, 뉴욕발 서울행 대한항공 항공기가 이륙하기 위해 활주로를 이동하다가 갑자기 회항하는 사건이 발생했다. 1등석에 탔던 한 승객이 승무원의 서비스에 문제를 제기하며 발생한 사건이었다. 문제를 제기한 승객은 대한항공 조양호 회장의 장녀, 조○○ 부사장이었다. 조 부사장은 땅콩을 봉지 째 가져다준 승무원의 서비스가 매뉴얼에 어긋난 잘못된 행동이라며 이동 중이던 항공기를 회항시키고 수석 승무원인 사무장을 내리게 하는 제재를 가했다. 조 부사장의 이 같은 행동으로 같은 비행기에 탑승해 있던 250여 명의 승객들은 출발이 20분가량 지연되는 불편을 겪었다. 언론을 통해 이 사건이 공개되면서 '땅콩회항', '재벌가 갑질 논란'이 촉발되었고 '항공법 저촉 여부' 등으로 국제적 논란이 되었다.

이 사건 이후 2018년 4월, 조양호 회장 차녀 조○○ 전무가 직원에게 물컵을 던진 '물컵 갑질' 사건도 공개되었다. 여기에 조 회

● 위키백과, '대한항공 086편 회항사건', 2020. 6. 30.

장 부인이 직원들에게 자행한 폭언, 상식을 벗어난 갑질 행위가 연이어 보도되었다. 이 사건들은 국민의 분노를 키웠고 여론의 지탄을 받았다. 여론이 악화되자 조 회장과 그의 가족은 범정부 차원의 공세를 받았다. 조 회장의 가족은 검찰과 경찰은 물론 관세청, 공정위, 교육부, 고용부, 복지부 등 11개 기관에서 25건의 조사를 받았다. 18차례에 걸쳐 한진 그룹 계열사 압수 수색이 진행되었고, 조 회장 일가는 총 14번 검찰과 경찰, 법무부의 포토 라인에 서야 했다.

엄중한 조사 끝에 검찰은 '물컵 사건'에 대해서는 무혐의로 결론을 내리고 기소도 하지 않았다. 가족에 대한 구속영장 신청이 모두 기각되자 칼날은 조 회장에게 향했다. 검찰은 항공기 장비와 기내 면세품 구매 과정에서 수백 억 원대의 횡령이 있었다며 조 회장을 기소했다. 대주주인 국민연금은 주주 가치 훼손을 이유로 조 회장을 대한항공 이사회에서 축출하는 데 앞장섰다.

대기업 오너 가족의 갑질이나 부도덕한 행태는 비난받아 마땅하다. 조 회장 가족은 전직 회사 임원들에게도 외면받을 정도로 처신에 문제가 많았다고 한다. 그러나 도덕적 비난과 법에 의한 처벌은 엄격히 구별되어야 했다. 여론의 감정적 비난과는 달리 사법적으로는 큰 문제가 드러나지 않았다. 공교롭게도 이 와중에 조 회장은 2019년 4월 폐질환으로 해외에서 사망하는 바람에 사법적인 판단이 중단되고 말았다. 한국의 법치와 법 집행에 관해 다시 생각해보는 계기를 만든 중요한 사건이었다.

일본 교토대학 교수 오구라 기조는 동경대를 졸업하고 서울대학교 철학과에 유학 와서 8년간 한국철학을 연구했다. 그는 유학 중심의 한국철학을 본격적으로 연구하고 나서 "한국은 매우 도덕 지향적인 국가"라고 분석했다. "그러나 도덕지향적이라고 해서 한국인들이 도덕적으로 살고 있다는 의미는 아니다"라고 덧붙였다.[·] 이는 한국이 다른 국가와 달리 주로 도덕을 기준으로 사회현상을 판단한다는 것을 의미한다.

오랜 유교의 영향으로 한국인들은 아직도 도덕주의에 젖어 남에게는 매우 높은 도덕 기준을 적용해 평가하고 비판한다. 나에게 적용하는 도덕과 남에게 적용하는 도덕이 다르다. 고위 공직자 인사청문회를 보면 거의 모든 후보자가 위장 전입, 자식의 병역 기피, 논문 표절, 재산세 과소 신고 등 3~4가지 이상의 위법 사항을 지적받는다. 지적 사항 없이 청문회를 통과할 수 있는 후보자는 거의 없다.

그렇다면 공직 후보자가 유난히 문제가 많은 것이라고 할 수 있을까? 그렇지는 않다. 그들이 '관행상' 했던 과거의 일을 현재의 상향된 도덕 기준으로 판단하면서 생긴 기준과 현실의 미스 매치가 주요한 원인이라고 보는 것이 더 타당하다. 집권 여당을 비판하기 위한 정략적인 필요에서 제기되는 미스 매치 비난 사례가 사람들 사이에 불신 풍조를 가중시킨 측면도 존재한다.

● 우구라 기조, 조성환 옮김, 《한국은 하나의 철학이다》(모시는 사람들, 2017).

미국에서는 10만 부밖에 팔리지 않은 마이클 샌델의 《정의란 무엇인가》가 왜 우리나라에서는 130만 부 넘게 팔린 베스트셀러가 되었을까? 한국인이 특히 정의에 관심이 많아서일까? 도덕정치를 지향했던 조선의 유산으로 여전히 과도하게 도덕을 지향하는 문화가 남아 공정과 정의의 문제에 관심을 갖는 것이 그 이유라고 보는 것이 더 타당하다.

이와 관련해 〈월스트리트저널〉은 "한국인들은 부유층의 상황이 훨씬 낫다는 인식을 가지면서 공정성과 기회 등 보다 큰 문제와 씨름하기 시작했다"고 분석했다. 미국인 응답자의 38퍼센트가 '미국이 불공정하다'고 답변한 것과 달리 한국은 74퍼센트의 응답자가 '한국이 불공정하다'고 답변했다는 사실을 공정에 대한 관심의 징표로 본 것이다. 또 한국 국민들의 공정성 욕구가 크다는 것을 시사한다면서 "정부가 나서서 사회·경제적 불리함을 치유해야 한다고 믿는 확률이 한국은 93퍼센트로 미국인의 56퍼센트와 비교해서 더 높게 나타났다"고 지적했다.●

● 〈정의란 무엇인가? 왜 우리나라에서만 인기일까〉, 미디어오늘, 2012. 6. 8.

법치 국가의
품격

법은 간단명료하되 시행은 엄격해야 한다

법치를 구현하기 위해서는 법이 무엇인지 알리고 이해시키는 일, 즉 법령의 내용을 명확하게 규정하는 일이 선행되어야 한다. 법 체제를 정비해서 불명확하고 이해하기 어려운 규정은 국민이 이해할 수 있는 수준으로 구체적으로 풀어 쓰고, 지킬 수 없는 법령은 수정해야 한다. 법령을 간소하게 정비한 다음에는 법령을 엄정하게 시행하고 "앞으로 정치적 사면은 없다"고 선언해야 한다. 법을 확실히 지키게 하는 데 역점을 두어야 하며 지나간 과거의 위법 행위를 찾아내는 데 행정력을 낭비하는 것은 정책의 우선순위를 혼동하는 일이다. 법치를 선언하고 나서는 누구에게나 법이 엄정하고 공평하게 적용, 시행되어야 한다. 법 앞에 '특권층'은 없어야 한다. 경찰과 검찰, 법원, 소방관, 공무원 등 공권력 집행자들을 신뢰할 수 있어야 하며 법 집행을 위한 정당한 권한이 인정되어야 한다. 공무집행 방해, 법정 모독을 엄정하게 처벌하는 것도 중요하다.

1974년에 일어난 워터게이트 사건에서 리처드 닉슨 대통령을 탄핵으로 몰아 결국 사직하게 만든 것도 '닉슨의 거짓말, 증거 인멸은 사법 방해 행위'라는 혐의였다. 르윈스키 스캔들이 발생한 1989년, 빌 클린턴 미국 대통령도 증거 인멸 등 사법방해죄로 의회의 탄핵심판에 회부되었다. 미국에서 '사법방해죄Obstruction of Justice' 적용은 정당하지 못한 수단이나 위협으로 사법 절차에 영향을 주는 행위를 한 당사자를 처벌하는 제도이다.● 증거 인멸, 허위 진술, 허위 증언, 허위 자료 제출, 증인 출석 방해 같은 행위가 모두 사법 방해로 규정되고, 사법방해죄는 사안에 따라 5년에서 10년 이하의 징역이 선고될 정도로 중대 범죄로 다뤄진다. 1789년 연방 법에서 채택되어 발전된 제도이며 그동안 고위 공직자들에게 법치 구현을 압박하는 데 강력한 효과를 발휘했다. 오늘날 대한민국에도 꼭 필요한 제도이다.

대한민국의 현실을 살펴보면 국회는 '게임의 규칙'인 법을 새로 제정하거나 규제를 강화하는 데 치중하고 엄정한 법 집행에는 상대적으로 관심이 적은 것 같다. 정해진 규칙은 반드시 지켜져야

● 위키피디아, 'Obstruction of Justice', 2020. 4. 1.

한다. '내 기준에는 불합리하고 잘못된 것'으로 생각되더라도 공포된 규칙은 지키는 것이 옳다. 올림픽이나 월드컵 경기에서 부당하고 억울해 보이는 판정을 보게 될 때도 있다. 그러나 국제 스포츠 경기에 참여한 선수들은 스포츠맨십을 발휘해 결과에 승복한다. 그 결과 질서가 유지되고 승부가 더욱 흥미진진해진다. 부당하다고 느낀 규칙이 있다고 해도 오랜 기간에 걸쳐 시행되면 이를 감안해 규칙을 위반하지 않도록 행동하고 이런 행동이 쌓여 규칙을 지키는 문화를 만들어낸다.

법치의 보루, 사법부의 권위를 세워라

사법부는 헌법을 수호하고 국민의 기본권을 보호하는 기관이다. 또한 법적 분쟁의 최종 판정 기관이다. '법원의 공정성과 독립성'은 법치를 지키는 핵심 요소이며 대한민국 헌법은 10개 조문에 걸쳐 법원의 조직과 운영에 관해 상세히 규정하고 있다. 헌법 제103조는 삼권 분립에서 한 축을 이루는 법원에 대하여 '법관은 헌법과 법률에 의하여 그 양심에 따라 독립하여 심판한다'라는 특별 규정을 두어 법관의 독립성을 명확히 보장하고 있다.

그런데 2019 국민법의식 조사가 보여주듯이 대한민국 국민은 법원의 공정성, 독립성을 신뢰하지 않는 경향이 있다. 이는 법치가 잘되고 있다고 자신 있게, 긍정적으로 평가하지 못하는 중요한 근거가 된다. 제도적으로는 법치 국가의 요건을 모두 갖추고 있지만 사법부의 공정성, 권리 구제 제도 운영이라는 관점에서 볼 때, 여전히 부족한 부분이 많다. 이 역시 일제와 권위주의 정권이 남긴 유산이다. 권위주의 정권 하에서는 법원이 정권 편에 서서 국민을 억압하는 역할을 했다. 사법부가 국민에게 강한 신뢰를 준 역사가 별로 없었다. 최근에 진행된 사법부의 '적폐 청산' 조치는 사법부와 법원 판결의 권위와 신뢰를 근본적으로 손상시켰다. 이렇게 손상된 사법부의 권위와 신뢰를 어떻게 회복할 수 있을지는 사회에서 깊이 고민하고 논의해 해결할 과제이다.

새 대법원장 체제에서 진보 성향 판사 모임 출신들이 대법관이나 주요 재판부의 구성을 주도한다는 평가가 나오고 있다. 대법원을 비롯한 각급 법원의 판결도 여당 정치인과 노조 등 진보 세력에 유리한 판결이라는 지적을 받는 사례가 빈발하고 있다. 2020년 전교조에 대한 대법원 판결을 사례로 살펴보자. 2020년 대법원은 "근로자가 아닌 자의 가입을 허용하는 경우, 노조로 보지 않는다는 노조법 규정에 대한 법적 판단은 별개로 하고 정부의 전교조 법외 노조 통보 절차가 법률이 아닌 시행령에 근거하여 시행된 절차였기 때문에 위법"이라고 판결했다. 헌법재판소에서 이미 합헌으로 판정된 법조문을 대상으로 하지 않고 시행령에 규정된 통보 절차를 문제 삼아 위법 판결한 이례적인 판결이라는 지적이 있다. 소수 의견을 낸 대법관들이 "다수 의견은 스스로 (전교조에 유리한) 법을 창조하고 있다"고 비판했을 정도로 논란의 여지가 있는 판결이다.

사법부의 독립과 권위는 민주주의를 지키는 데 있어 핵심 사안으로, 절대적으로 보장되어야 한다. 대통령과 국회로부터 독립을 지키기 위해 사법부 구성원들은 사회에서 최고 권위를 부여받은 심판으로서, 스스로 그 역할에 걸맞은 엄격한 규범을 정립하고 국민의 신뢰를 저버리지 않도록 행동해야 한다. 개혁할 부분이 있다면 삼권 분립의 한 축으로서 사법부 내 역량을 자체적으로 활용해 개혁해야지 행정부의 일부인 검찰에 의존해 추진하는 것은 '독립성'을 훼손할 우려가 있는 문제라고 생각한다.

2018년, 도널드 트럼프 미국 대통령이 사법부 판사의 결정이 잘못되었다며 사법부를 정면 비판했다. 그는 기자들에게 캘리포니아를 관할하는 제9연방 순회 항소법원이 행정부가 하는 일에 매번 발목을 잡는다고 지적하면서, 이 판사들을 오바마 판사라고 부르며 비난했다. 그러자 존 로버츠 미 연방대법원장은 바로 성명을 내고 이를 공개적으로 반박했다. 로버츠 대법원장은 "우리에게는 오바마 판사도, 트럼프 판사도, 부시 판사도, 클린턴 판사도 없다. 법 앞에 선 사람들에게 공평한 권리를 주려고 최선을 다하고 헌신하는, 훌륭한 판사들이 있을 뿐이다." 미 대법원장이 성명을 내면서까지 대통령을 공개적으로 비판하는 일은 매우 드문 일이다. 로버츠 대법원장은 "이런 독립적 사법부는 우리가 모두 감사해야 할 대상"이라고 강조했다.●

● 〈미국의 소리Voice of America〉, 2018. 11. 23.

로버츠 대법원장은 공화당 소속 조지 W. 부시 미국 전 대통령이 2005년에 임명한 보수 성향 법관이다. 공화당 정권에서 임명된 대법원장이지만 공화당의 트럼프 대통령이 판사들을 향해 오바마 판사라며 정치적으로 편향되어 있다고 비난하자 즉각 반박하면서 사법부의 독립과 판사들의 자존심을 지켜냈다. 연방 판사를 대통령이 지명하지만, 그렇다고 지명권자인 대통령이나 대통령이 소속된 정당을 위해서 정치적으로 편향된 판결을 하지 않는다는 사실을 명확하게 확인시켰다. 미국 사법부는 전문가를 발탁해 역할을 부여하면 그에게 권한을 주고 신뢰하며, 당사자는 명예와 자존심을 걸고 신뢰를 지키기 위해 끝까지 최선을 다하는 관행을 정립했다. 선진국에서 사법부의 독립과 권위는 이런 과정을 거치면서 확립된다.

대한민국의 초대 대법원장 가인 김병로 선생은 재임 9년 3개월 동안 사법부에 오는 온갖 압력과 간섭을 뿌리치고 사법권 독립의 기초를 다진 인물로 유명하다. 그는 독립운동가들을 무료 변론했고 독립운동가들의 가족도 돌보았다. 그의 사법권 독립에 대한 신념이 대단히 확고해 이승만 전 대통령과 마찰을 빚으면서도 끝까지 사법부 독립을 지켜냈다. 그는 "정의를 위해 굶어 죽는 것이 부정을 범하는 것보다 수만 배 명예롭다"고 말하며 청렴하고 정의롭게 살았다.[*]

● 위키백과, '김병로', 2020. 3. 20.

바로 선 법치를 위하여

전체주의 국가에서 독재자가 채택하는 가장 중요한 무기가 '심판 매수'와 '기울어진 판정 시스템 구축'이다. 대법원, 헌법재판소, 선거관리위원회, 방송통신위원회, 검찰 등 국가기관에 대통령의 인사권을 이용해 편파적인 인사를 배치하고 권력에 유리한 판정을 내리게 하는 방식이 널리 운용되고 있다.

민주주의를 지키는 데 있어 삼권 분립은 핵심 원칙이다. 최근 대한민국에는 대통령과 행정부에 과도하게 권한이 집중되고, 헌법과 법률의 규정을 편법적으로 적용하거나 자의적으로 행사하며, 주어진 권한이라 하여 절제하지 않고 남용하는 사례가 늘어난다는 지적이 있다. 2020년 법무부 장관과 검찰총장의 갈등 사태에서도 권한의 남용 여부가 핵심 이슈였다. 즉, 검찰청법에 명시된 검찰 인사에 대한 사전 협의 절차 준수 여부, 장관의 개별 사건 수사에 대한 지휘는 검찰총장을 거쳐 행사하도록 규정되어 있는 수사지휘권의 남용, 검사에 대한 징계와 감찰 규정을 자의적으로 행사한 사례 등이 논란이 되었다.

이는 법치를 훼손하고 민주주의를 위협하는 행위라는 우려가 높다. 앞서 래비츠키·지블랫의 모델에 따라 미국을 비롯한 여러 나라에서 삼권 분립의 훼손과 권력의 집중, 권력자의 절제와 관용의 결여, 합법적 권한의 과도한 행사 등이 민주주의를 위협한다는 점을 지적했다. 외국의 사례만이 아니라 우리나라에서도 빈번하게 일어나는 일이므로 시민과 지식인은 경각심을 갖고 문제를 지적하고 문제 상황에 대응해야 한다.

국민의 자유와 권리 침해, 재산권의 침해에 맞서 국민을 보호하는 것은 국가의 근본 책무이며 법치 국가의 핵심 목표이다. 대통령을 비롯한 공직자와 정치인은 이 원칙을 반드시 명심해야 한다. 그 침해자는 개인이 되기도 하고 국가가 되기도 한다. 어떤 경우에도 합리적인 권리 구제 절차는 반드시 작동되어야 한다. 제도를 실제로 운용하는 과정에서 많은 문제가 발생하고 있다.

국민들이 법치가 완전하지 않다고 판단하는 핵심 원인이 '법집행의 불공정과 권리 구제 절차의 불공정'이다. 사법 당국이 구속 여부, 보석 결정, 형량과 재판기일 지정 등 사법 절차를 진행하는 과정에서 부와 권력을 가진 자에게 더 관대하고 일반 서민에게는 지나치게 엄격하다는 인식을 주었다. 이러한 인식이 유전무죄 논란으로 번지기도 한다. 지금까지 권력과 부를 가진 사람들에 대한 재판 결과를 살피면 이런 지적을 결코 무시할 수 없다.

전관예우 관행 또한 사법부에 대한 신뢰를 저해하는 요인이다. 고위 법관과 검찰 간부들은 퇴직 후 변호사 개업을 하거나 대형 로펌이나 대기업의 고문이 되는 경우가 많다. 이들이 전관예우 차원에서 받는 변호사 보수는 일반인의 상상을 초월하는 금액인 경우도 있다고 알려져 있다. 간혹 이들이 고위 공직에 임명되어 인사청문회를 거칠 경우 그 막대한 보수의 실상이 단편적으로 알려지기도 하지만 통상 비밀로 감춰진다. 전관예우 관행이 있는 사회에서 이런 변호사를 선임할 수 없는 서민들이 재판의 공정성을 믿을 수 있을까? 이런 관행은 법원의 신뢰, 법관으로서의 품격보다는 개인의 이익을 앞세우는 법조계의 과거 문화에서 비롯된 것으로 보인다. 품격을 지키는 문화는 사회 지도층의 솔선수범에서 나오는 것이다.

그렇다고 해도 시민단체나 노동조합이 법원 앞에 모여 확성기로 소리 지르며 판사를 성토하는 행위 또한 신뢰 사회에 역행하는 행동이다. 내 입장과 반대되는 법 집행을 한 검사, 판사를 인터넷에서 신원을 추적하여 집요하게 공격하는 행위 역시 또 다른 범죄행위이다. 내 권익을 지키겠다고 합법적인 절차로 진행된 판결 결과를 부인하는 것은 위법 행위이며 이로 인해 다른 사람의 권익은 침해되고 만다. 법치 국가에서 이런 행동이 마치 합법적 권리인 것으로 오인되어서는 안 된다. 다른 사람에게 손해를 끼치는 위법한 행위를 '불법 행위'라고 한다. 불법 행위에 대해서는 당연히 가해자에게 손해 배상 책임이 있다. 불법 행위를 처벌하는 제도는 사전에 이러한 위법 행위의 발생을 방지하고 불법 행위로 발생한 손해를 보상하는 제도이며 법치주의를 실천하는 중요한 수단이다.[*] 상대적으로 우리 사회에는 불법 행위에 대한 인식이 부족한 것으로 보인다.

또한 법원의 판결과 법관을 존중하는 것도 '바로 선 법치'의 핵

● 박세일, 《법경제학》(박영사, 2019).

심 요건이다. 법원과 법관은 국민의 신뢰를 얻고 권위를 세우기 위해 혼신의 노력을 다해야 한다. 법원과 같이 어떤 사안에 대한 판정이나 결정을 내리는 기관에서 의장이 방망이를 3번 내리치는 것도 방망이를 치는 순간에 시비를 종료하고 논쟁을 마무리함을 의미하는 전통이다. 그런데 우리는 방망이 소리를 듣고서도 최종 판결을 신뢰하지 못하고 수용하지 않거나 반발하는 사례가 많다. 과거 무사나 기사가 주도하던 나라에서는 전쟁이나 결투에서 패하고도 승복하지 않으면 죽음을 각오해야 했다. 그러나 조선과 같이 관료 학자들이 말로 싸우는 문화에서는 언제까지고 논쟁을 계속하는 습관이 있었다. 이론 싸움은 명확한 우열이나 승패를 가리기 어렵기 때문이다. 쉽게 승복하지 못하는 관행이 우리의 오랜 전통과 문화에 남아 있는 것이 아닐까? 아무리 짓밟혀도 굴복하지 않는 불굴의 정신은 우리 민족의 강점이기도 하다. 그러나 법원은 불굴의 정신을 발휘할 곳이 아니며 결과에 승복해서 갈등을 해결하는 곳이다.

2019년 경제협력개발기구OECD가 회원국 37개국을 대상으로 각국 사법부에 대한 신뢰도를 조사해 순위를 매긴 결과 대한민국이 꼴찌를 차지했다. OECD가 해당 국가 국민 1,000명에게 '법원을 신뢰하느냐'고 물었더니 대한민국 국민의 '신뢰한다' 응답 비율이 가장 낮았다는 것이다. 이 조사에서 '사법부'는 검찰과 법원을 포함했다. 대법원 산하 사법정책연구원에서 1981년부터 2014년까지 실시한 조사에 의하면 조사 기간 중 평균적으로 국민의 36퍼센트가 사법제도를 신뢰하지 않는다는 결과를 보여 준다.*

법 제도는 사회생활의 핵심 규범이자 '게임의 규칙'이다. 법은 사회에서 공감을 얻는 필수적 규범이 사회집단 간의 사회적 합의를 통해 성문화된 것이다. 앞서 신뢰를 논의하면서 규범의 준수가 신뢰 형성의 핵심 요소로 작용한다고 강조했다. '규범을 존중하고 준수하는 문화'가 법치의 핵심 기반이다. 규범을 존중하고 준수하는 문화, 준법 문화가 형성되어야 진정한 법치가 가능해진다.

사회가 진보와 보수 진영으로 양분되면서 '법과 질서'를 강조하면 보수를 대변하는 것으로 오해받기도 한다. 헌법이 법치 국가와 민주주의 체제를 채택하고 있는데 "법과 질서는 보수 진영의 논리이며 진보 진영의 논리가 아니다"라고 말할 수 있는가? 진보, 보수를 떠나 현행 헌법 체제에서 법과 질서, 법치는 지켜져야 한다. 제도는 법령으로 구체화된다. 법을 경시하고 지키지 않는 사회에서는 좋은 제도가 제대로 시행될 수 없고 본래 기대한 제도의 효과를 내기도 어렵다. 정치와 행정의 핵심 역할은 '법을 만들고 집행하는 것'이다. 정당한 절차를 거쳐 공포된 법령은 엄정하게 시행되어야 하며 시행 과정에서 잘못되거나 미흡하다고 인정되는 법령은 절차를 거쳐 개정하는 것이 옳은 순서다.

요약하면, 준법 문화와 법치는 선진 사회를 이루는 핵심 요소

● 〈국제적인 사법신뢰도 측정 방식에 관한 연구〉, 사법정책연구원, 2018, p.153.

이다. 법치가 실행되지 않으면 재산권과 투자이익, 계약의 확실한 이행이 보상되지 않아 마음 놓고 경제 활동을 할 수 없게 된다. 경제활동의 규칙이기도 한 법 제도가 제대로 작동하지 않으면 개인의 자유와 권리가 제대로 보장되지 않고, 경제 성장과 민주주의의 수호도 어려워진다. 국가 내에서 활동하는 모든 사람이 국가가 정한 법령과 규범을 지켜나가야 국가도 번영을 이룰 수 있다. "법치주의는 강한 국가의 핵심 요건이며, 강한 국가는 경제 발전의 필수 조건"이라고 주장한 후쿠야마의 논리를 다시 떠올려야 하는 이유가 여기에 있다.

4

무너진 신뢰와 법치의 회복을 위하여

능력 인정과
성과 보상의 진짜 의미

전문가를 신뢰하는 문화

일본 사회에는 한 분야에서 뚜렷한 업적을 이룬 인물을 그 분야의 개척자로 인정해주는 관행이 존재한다. 일본 철도의 아버지 이노우에 마사루, 건축의 아버지 다쓰노 긴고, 토목의 아버지 후루이치 고이, 사법의 아버지 에토 신페이, 헌법의 아버지 이토 히로부미 등이 있다. 하나오카 세이슈라는 인물은 세계 최초로 전신마취 수술에 성공한 사람이다. 1804년, 어머니와 아내를 대상으로 마취 실험을 한 그는 전신마취 수술 약을 개발하고 유방암 수술에 성공했다. 그는 '일본 전신마취 수술의 아버지'로 불린다. 이와 같이 일본에서는 각 분야의 개척자와 선구자, 최고 전문가, 공로자를 '○○의 아버지'라는 칭호를 붙여 사회에서 존중하고 공로를 기리는 문화가 있다.˚ 누군가 이런 호칭을 붙여 부르기 시작하면 이를 시비하지 않고 따라 부르며 공로를 인정하고 수용하는 일본 사회는 상호 존중하는 문화가 정착된, '신뢰가 형성된 사회'의 한 예로 볼 수 있다.

일본 전통예술계에서 아버지의 이름을 이어받는 것을 '습명襲名 (슈우메이)'이라고 한다. 이름을 이어받는다는 것은 기술과 전통을 계승한다는 뜻이다. 만약 아들이 없거나 아들이 가업을 이어나가지 않으면 양자로 들인 조카나 사위가 이름을 이어받는다. 실력이 출중한 제자가 이름을 이어받는 경우도 있다. 습명으로 기술이 오래 전승되고 가업을 계승, 발전시키는 일이 가능해진다. 일본에는 수백 년이 넘는 역사를 가진 기업이 많다. '곤고구미'는 1,400년이 넘는 역사를 가진, 기네스북에 등재된 건축기업이다. 일본 도자기의 대표 가문, 사쓰마 도기는 1598년 정유재란 때 남원에서 납치된 도공 심당길이 시작했다. 오랜 세월 도자기 기술을 전승해왔고 12대부터는 '○○대 심수관'이라 불렸다. 현재 15대째 가업을 이어오고 있다.

우리나라에는 오랜 기간 한 분야에 특화된 전문가가 있어도 사회에서 전문가로 공인해주고 존중하는 문화가 없다. 분야별 쏠림 현상이 심해 적성을 따지지 않고 이공계는 의대에, 인문계는 법대에 인재가 몰린다. 적성과 취향을 좇아 전공을 선택한 뒤 평생에

˚ 배준호, 《역사의 품격》(책과나무, 2017).

191

걸쳐 전공 분야에 종사하는 전문가를 찾기가 쉽지 않다. 실력을 갖춘 전문가를 널리 인정해주는 문화가 없어 진짜 전문가를 배출하기 어려운 사회이다. 산업 현장의 최고 숙련기술자를 명장으로 선정해 대우하는 제도가 있지만, 이 제도는 정부(고용노동부)에서 1989년부터 법령으로 창설한 제도로, 전통과 신뢰를 토대로 사회에서 자생적으로 형성된 제도는 아니다.

진정한 전문가가 배출되기 어려운 상황에서도 어떤 이슈가 생기면 '전문가'로 포장된 사람들이 언론에 등장한다. 자녀를 둔 사람 중에는 자신을 교육전문가로 자처하는 이들이 많다. 전문가에 대한 신뢰도가 낮아 진짜 교육전문가가 나와 다른 주장을 하면 쉽게 수용하지 못한다. '저 사람이 나보다 나은 게 뭐지?'라는 생각이 만연해 있다. 내가 아닌 타인의 능력과 실적을 제대로 평가하지 않는 경향, 긍정적인 면보다 부정적인 면을 찾는 경향도 있다. 그래서 타인의 진면모를 잘 보지 못하는 경우가 많다. 전문가가 귀하니 특출한 전문가가 등장해도 진짜 전문가인지 잘 분별이 되지 않고 전문가의 진면모를 파악하기가 어렵다.

앞서 논의한 디지털 시대, 포스트모더니즘의 영향도 전문가에 대한 신뢰를 낮추는 데 영향을 끼쳤다. 디지털 시대에는 쉽게 지식을 얻을 수 있고, 누구든지 간단한 클릭 몇 번으로 방대한 정보를 알아낼 수 있다. 옛날처럼 지식과 정보 수집을 위해 전문가 몇 명에게 의존하지 않아도 되는 시대가 왔다. 또한 포스트모더니즘의 영향으로 절대적 가치를 갖는 진리를 거부하고 자기중심적이고 상대적인 사실을 존중하는 경향이 생겨났다. 다원화된 세계에서 사람들은 전문가의 의견에 구애받기를 원하지 않는다. 전문가의 의견 역시 '하나의 의견'일 뿐이다.

기술자를 대우하는 문화

18~19세기 산업혁명을 촉발한 기술 개발은 거의 대부분 영국에서 이루어지거나 영국으로 건너와서 산업화되었다. 제임스 와트의 증기기관, 아크라이트의 역직기 등 많은 발명품이 영국에서 개발되어 영국이 압도적인 기술우위로 산업혁명을 이끌었다. 왜 하필 영국에 기술 개발이 집중되었을까? 영국인이 특히 우수해서라기보다는 영국에는 현장의 기술자들을 신뢰해 그들이 기술 개발 연구에 매진하도록 지원하고 연구 성과에 혜택을 주는 인센티브 제도가 있었기 때문이다.

영국은 17세기에 다른 국가에 비해 뒤처진 기술과 산업 발전을 촉진하기 위해 특허 제도를 법제화했다. 특별한 기술 개발로 특허를 받은 사람에게 해당 산업에 대한 독점적인 권리를 주는 특허 제도는 1623년 영국에서 최초로 성문법으로 제정되었다. 발명자에게 특정 산업에 대한 독점적인 권리를 부여하는 이 법은 '독점법The Statute of Monopolies'이라는 이름으로 탄생했다. 영국이 기술자들을 신뢰하고 노력의 성과를 인정하는 제도를 시행하자 세계의 기술자들이 영국으로 몰려들었고 기술 발명 붐이 일었다.

미국도 영국과 같은 특히 제도를 헌법에 명시해서 보호함으로써 기술 개발을 촉진했다. 이 제도의 대표적 수혜자가 축음기와 전구를 발명하고 GE라는 거대한 기업을 설립한 에디슨이다. 미국은 기술과 아이디어를 개발한 사람에게 그 권리를 인정하고 보호했고 그 결과 산업을 발전시켰다. 인센티브에 자극을 받은 기술자들이 미국으로 모여들었고 기존의 기술자들도 더욱 기술 개발에 힘쓰게 되었다. 얼마 지나지 않아 미국의 산업기술은 '영국을 능가한다'는 평가를 받았다.

2010년 상해 엑스포에서 중국이 전 세계를 향해 자랑스럽게 내놓은 작품은 〈청명상하도〉였다. 이 작품은 1120년경 송나라 수도 개봉의 번창한 시가지 모습을 그린 것인데, 상해 엑스포에서는 이 그림을 동영상으로 제작해 전시했다. 중국 내외의 수많은 관객들이 몇 시간씩 줄 서 기다리며 감상한 성공작이 되었다. 하버드대학의 중국사 권위자 존 킹 페어뱅크는 송대를 "중국이 세계 어느 국가보다 앞서도록 만든 위대한 창조의 시대였다"라고 표현했다.[•] 화약, 나침판, 인쇄술 등 3대 발명품이 송대의 산물이다. 〈청명상하도〉는 송나라가 개방적이고 탈규제중심 정책으로 상공업을 장려했던 찬란한 성과를 그대로 보여주는, 사실상 중국의 국보 1호인 셈이다.

[•] 존 킹 페어뱅크 외, 김형종 외 옮김, 《신중국사》(까치, 2005), p.118.

비슷한 시기에 고려도 상공업이 발달해 풍요로운 문화를 형성했다. 고려의 개방적이고 다원화된 문화에서 상감청자, 팔만대장경, 금속활자 등이 만들어졌다. 수공업자들이 다소 천대를 받기는 했지만 다른 양민들과 분리되어 향·소·부곡에 따로 거주하면서 그들만의 전문 기술을 개발했고 창의적 문화를 만들어낼 수 있었다. 전문직만 따로 거주하는 지역에서 서로 협력하면서 기술을 개발하고 습득, 전승하는 일이 가능했던 것이다.

조선은 기술자, 장인들을 천시하는 제도를 고수하며 이들이 독립된 지역에 따로 거주하던 제도를 없애고 평민과 함께 거주하게 했다. 기술자들은 모두 중앙이나 거주지 지방 관청에 등록해야 했으며 1년에 몇 개월씩 차출되어 관수품을 제작하는 일에 동원되었다. 관공서 동원 기간에는 관노 같이 천대받으며 일했다. 기술자들이 만든 제품은 양반, 관리들로부터 온정이니 공물이니 하는 명목으로 착취, 징발당하기 일쑤였다. 이렇게 천대받은 기술자들은 오히려 신분 차별의 원인이 된 자신의 기술을 한탄하며 자식들에게 결코 기술을 물려주지 않으려 했다.

유형원이 1680년대 후반 《반계수록》에 묘사한 내용을 살펴면 당시 조선의 생생한 현실을 알 수 있다. "경국대전에는 '서울 안의 공장工匠들에게는 세를 받는다'고 되어 있다. 그러나 지금은 서울 안 공장들에게 일정한 세를 받지 않고 관에서 일 시킬 경우가 생기면 닥치는 대로 잡아다 일을 시키는데, 그 대가로 주는 삯은 매우 적다. 더구나 지방의 경우는 세가 있고 없고를 막론하고 소문

나는 대로 잡아다 억지로 일을 시킬 뿐이다. 관청이 이미 이같이 하니 양반 세도가들도 그 본을 받아 함부로 일을 시키고 그 삯을 제대로 주지 않는다. 그러므로 공장을 업으로 하는 자는 오히려 그 재능이 소문날까 두려워한다. 그 때문에 온갖 공장의 기예에 법도가 없어지고 거칠어져 모양새를 이루지 못하게 되었다. 그것이 온 나라의 습속으로 되고 말았으므로 사람들은 거기에 익숙해져 그것이 거칠고 조잡하다는 사실조차 알지 못하게 되었다." 조선은 기술자들을 대우하지 않고 오히려 아주 천시하는 폐쇄적인 문화를 유지했다. 전문직이 역량을 발휘하고 기술이 제대로 발전하기 어려운 사회였다.

고려시대에는 개방적인 정책을 펴서 귀천을 가리지 않고 인재라면 두루 등용해 관료나 기술자로 활용했다. 외국인이 등용되기도 했다. 1123년에 고려에 왔던 송나라 사신 서긍이 기록한 바에 의하면 "고려에 항복한 거란 포로 수만 명 가운데 10명 중 한 명은 기술자인데, 그 가운데 기술이 정교한 자를 뽑아 고려에 머물게 했다. 이들로 인해 고려의 그릇과 옷 제조 기술이 더욱 정교해졌다." 그런데 이런 개방적인 정책은 조선시대로 이어지지 못했다. 오히려 일본이 고려의 개방 정책 전통을 이어간 것 같다.

임진왜란 때 일본에 끌려간 도자기 기술자, 도공들은 일본에 가서는 사무라이급 대우를 받았다. '일본의 보물을 만들기 위해 도공을 데려왔다'는 기록이 남아 있을 정도로 도공들은 일본 정부의 특별한 지원과 대우를 받았다. 전쟁 후 조선사절단이 귀국을 촉구했지만 기술자들은 귀국을 거부했다. '조선에 귀국하여 천민 대우를 받느니 차라리 외국에서 제대로 된 대접을 받으며 살기'를 원했다. 그 후 일본에 남은 도공들은 기술 개발에 전념해 일본의 도자기 산업을 세계적 수준으로 끌어올렸다. 그 사이 조선의 도자기 산업은 쇠퇴했고 일본과 기술 격차가 벌어져 상황이 역전되었다. 앞에서 언급한 일본 도자기의 아버지 심수관도 이 과정에서 일본에 남은 조선 출신 도공 중 한 명이었다.

미국에는 수많은 전기 작가가 있고 심지어 당사자 생존 중에도 전기 출간이 성행한다. 또한 미국 의회에는 대형 전시실, '조각의 방'이 있다. 과거 하원 의사당으로 쓰이던 곳을 개조해 각 주를 대표하는 역사적 인물의 동상을 세워둔 곳이다. 정치인이 많지만 헬렌 켈러, 에디슨, 인권 운동가 로자 파크스 등 조각가, 배우, 작가, 군인, 의사, 목사 등 다양한 인물을 기리고 있다.

신뢰 사회는 '각 분야 전문가를 인정하고 전문가의 업적을 기억하는 사회'다. 누구든지 정해진 규범을 지켜 성실히 일하고 실력을 쌓아 전문가가 되고, 사회에서 그 실력을 공인받아 규칙에 따른 보상을 받을 수 있는 사회가 되어야 한다. 이런 사회가 소크라테스가 말한 '정의로운 사회'이다. 주변에는 자기 이름, 명예를 위해 목숨을 걸고 일하는 사람도 많다. 사회가 이런 노력을 공식적으로 인정하고 신뢰하면 대한민국에도 '진짜 전문가'가 많아질 것이다.

능력 인정과 성과 보상의 역사

'신상필벌' 원칙은 상앙과 한비자의 발명품 정도로 여겨지기도 한다. 그래서 냉혹한 법가의 논리라고 싫어하는 사람도 있지만, 동양과 서양에서 신상필벌은 '인간 본성'에 부합하는 조직 관리와 리더십의 요체로 강조되었다. 중국 고대에서 가장 이상적인 정치를 펼쳤다는 주나라 제도를 정리한 책이 《주례周禮》이다. 역대 중국은 이 주례의 원리에 따라 정부 조직을 편성해서 운영했다. 조선과 일본도 이 제도를 모델로 하여 정부 조직을 구성했다.

주례에서는 가장 이상적인 정부 조직 원리로 철저한 성과 보상, 신상필벌을 기반으로 하고 있다. 주례의 용어로는 폐치廢置와 주상誅償의 원리라고 한다.[•] 매년 한 해를 결산하며 모든 관서에 한 해의 실적을 제출하게 하여 평가한다. 평가 결과 잘한 자는 계속 일하게 하고 실적이 부족한 자는 내쫓는다. 이것이 폐치의 원리다. 3년마다 모든 관리의 치적을 결산해서 잘한 자는 상을 주고 못한 자는 벌을 준다. 오래 재직하고도 공로가 없으면 그냥 내쫓지 않고 벌을 줘서 내보낸다. 반대로 크게 공로가 있으면 계속 일하게 하되 반드시 포상을 주면서 일하게 한다. 이것이 주상의 원리다. 여기에서는 '신상필벌'이라는 용어를 사용하지 않았다.

주례에는 구체적으로 폐치와 주상의 원리를 적용하는 사례도

● 지재희 외 엮음, 《주례》(자유문고, 2002).

나와 있다. 예를 들면 '의사醫師'라는 조직은 의약과 질병을 담당하는 조직이다. 나라에 질병이 있거나 병자가 발생하면 의원에게 분담해 병을 치료하게 하고 한 해를 마칠 때 결산했다. 의원이 질병을 치료한 실적을 평가해 녹봉을 조정했다. 치료한 환자 10명이 모두 완치되면 의원에게는 최고의 봉급을 주었다. 환자 10명을 치료할 때 1회의 실수가 발생하면 두 번째 순번의 봉급을 주고, 2회의 실수가 있으면 세 번째 순번의 봉급, 3회의 실수가 있으면 네 번째 순번의 봉급을 주며 4회의 실수가 있으면 가장 낮은 봉급을 책정하라는 지침이었다. 철저하게 신상필벌의 원리가 작동한 것이다. 이것이 상앙이나 한비자 이전에 이미 주나라에서 실현되었던 원칙이라는 것에 주목하자.

오랜 옛날에 만들어진 지침이지만 지금 봐도 엄정한 성과 평가와 그에 따른 보상 원리를 제대로 반영했다는 생각이 든다. 한나라 이후 중국 역대 왕조는 진나라에서 형성된 법가의 전제통치 기술 위에 유학의 통치 원리를 결합해 나라를 다스렸다. 법가의 통치 기술과 유학의 철학이 결부된 이념을 페어뱅크는 '국가유교 Imperial Confucianism'라 규정했다. 중국 황제는 국가유교의 원리로 통치하면서 통치 기술로서 법가주의를 중시했다. 한나라 이후 이념적으로는 유학 원리가 선호됐지만 엄정한 법 제도를 정비하여 통치한다는 국가유교 원리는 중국의 지배 철학이 되었다.

조선은 건국하면서 중국의 통치 원리와 제도를 도입해 신상필벌 원칙도 중시했다. 초기 정종 때 의정부의 상소에 따라 방간의 난과 관련해 신상필벌의 법을 정했다. "공功을 상 주고 죄罪를 벌 주는 것은 실로 국가의 큰 법전이니, 만일 혹시라도 마땅함을 잃으면 권하고 징계할 수가 없습니다"라는 건의에 따라 신상필벌의 법령을 조정에 방을 붙여 고시했다.●

조선 초기에 신상필벌과 지방 수령의 실적을 평가하는 제도가 마련되었으나 이 제도는 갈수록 엄정하게 시행되지 않았다. 중기 이후에는 관념적인 도덕정치를 강화하면서 신상필벌을 중시한 법가 사상은 패도라 하며 배제했다. 다산 정약용은 조선 말기 1820년대에 이런 실태를 비판했다. 다산은 '경세유표'를 통해 주례의 폐치와 주상 원리를 시행해야 지방 수령들이 열심히 일하게 될 것이라고 새삼스럽게 주장했으나 당시 그 주장은 주목받지 못했다.

현대에 와서 사회주의 국가인 중국의 산업계에서는 신상필벌 원칙이 잘 적용되고 있다. 현대자동차가 중국에 설립한 공장은 한국 공장과 달리 엄정한 성과 평가와 신상필벌 원칙을 적용하고 있다. 필자가 수년 전 중국 공장을 방문했을 때, 벽에 게시된 '실적이 우수한 노동자' 명단을 보았다. 월별로 부서별 실적을 평가해 그 결과에 따라 잘한 부서와 노동자를 선정, 복도에 게시하고 상을 주고 있었다. 이러한 신상필벌 원칙에 대해 노동자들은 어떤 반응을 보이는지 궁금해 물었더니 중국 노동자들이 그 결과에 승복하고 다음에 실적 우수자로 게시될 것을 기대한다고 답변했다.

● 《조선왕조실록》 중 〈정종 2년 10월 26일〉에 해당한다.

신뢰는 성과의 기반이다

영국인 지리학자 비숍 여사는 1894년 1월부터 1897년 3월 사이 4차례에 걸쳐 조선 구석구석을 여행하며 조선의 실상을 기록했다. 그는 조선에서의 체험을 토대로 '조선 사람들은 가난하고 게으르며 지저분한 열등 민족으로, 희망이 없는 사람들'이라는 나쁜 인상을 갖고 러시아 연해주 블라디보스토크로 건너갔다. 그곳에서 비숍은 조선에서 목격한 생활상과 전혀 다른 조선인들의 모습을 발견했다. 중국인, 러시아인, 조선인들이 함께 모여 사는 연해주에서 가장 부지런하고 잘사는 사람들은 다름 아닌 조선 사람들이었다.

똑같은 조선인들이 왜 연해주에서는 조국에서와는 전혀 다른 행태를 보였을까? 비숍 여사는 "연해주에는 열심히 일해서 돈을 벌어도 이른바 '흡혈귀' 같이 그것을 착취하는 관리와 제도가 없다"는 중요한 차이를 지적했다.

당시 러시아는 변경의 외국인 정착지에 사실상 자치권을 부여했다. 비숍은 이러한 자치행정 체제에서 개인의 재산을 보호해주는 제도가 시행되자 그 제도에 가장 잘 적응하고 성공한 민족이 조선인이라는 것을 알게 됐다. 그는 '자치권과 신뢰를 보장하면 가장 성공할 민족은 조선인'이라고 확신했다. 비숍이 1897년에 출간한 《조선과 그 이웃나라들》에 이 내용이 상세히 기록되어 있다. 무엇이 '게으른 조선인'을 부지런한 민족으로 만들었을까? 비숍 여

사는 "신뢰와 인센티브를 주는 제도가 있으면 조선인들은 역량을 발휘해 가장 부지런하게 일할 것"이라고 말하며 처음에 조선 사람들에게 가졌던 잘못된 인상을 수정해서 책의 서문에 밝혔다. 그가 특별히 강조할 만큼 이것은 중요한 발견이었다. 비숍의 책은 19세기 말, 한국인들의 기질과 품성을 제대로 파악한 역저였다.

1600년대 초 미국 버지니아 제임스타운으로 이주한 영국 정착민들은 식량이 부족해 겨울을 나는 동안 500명 중 60명밖에 생존하지 못했을 정도로 힘든 시기를 보냈다. 개척 초기 식민지 관리당국은 영국 정착민에게 가혹한 노동을 강제했고, 농장에서 도망치거나 도둑질하는 정착민은 사형에 처하는 등 엄한 규율로 다스렸다. 그러나 식량 생산량은 늘지 않았다. 식민지 관리당국은 수년간의 실패 끝에 전략을 바꿔 정착민들에게 50에이커씩 토지를 분배하고 자율적으로 경작하게 하는 인센티브 제도를 만들었다. 강제노동에서 해방되어 노동의 성과를 스스로 챙길 수 있게 된 정착민들은 농업 생산을 크게 늘렸고, 마침내 식량난에서 벗어나 번영을 구가하게 되었다. 열심히 일한 노동의 성과를 스스로 챙기게 하는 제도를 시행하는 것이 강제 노동보다 훨씬 효과적이라는 것을 여실히 입증한 사례였다.

● 애쓰모 글루 외, 최완규 옮김, 《국가는 왜 실패하는가》(2012, 시공사), pp.49-55.

평가를 위한 평가에 그치는 이유

능력과 성과를 제대로 평가하고, 실적에 따라 보상하는 것은 지금까지 논의한 '신뢰와 법치 원리의 실현'에 해당한다. 법 규정을 지키고 각종 규범을 준수해 직분을 다한 사람을 인정하고 그에 상응한 보상을 제공하는 것은 신뢰 사회가 당연히 가야 할 길이다. 이 문화가 정립되어야 각자 어느 분야에서든지 역량을 발휘해 진정한 전문가가 되고, 사회에도 기여할 것이다. 법령과 규칙을 지키는 사람이 보상받고 이를 어기는 사람은 불이익을 받아야 한다. 이것이 현대적 의미의 신상필벌 원칙이자 신뢰 사회의 원리이다.

조직과 개인 단위까지 사회 각 분야에서 '평가'가 성행하고 있다. 하지만 어느 곳이든 '평가에 대한 신뢰도'는 높지 않다. 평가 결과가 좋지 않으면 평가 방법, 평가 기준, 평가자 등이 객관적이지 않다며 이의를 제기한다. 평가에 대한 신뢰가 쌓이지 않은 탓이다. 평가 결과의 신뢰도를 높이겠다며 평가 기준을 다각적으로 계량화하는 사례도 많다. 그러나 과도한 계량화는 오히려 '평가를 위한 평가'에 그치기 쉽다. 지나치게 세분화해서 계량화된 지표를 좇아 하나하나 시행하며 좋은 성적을 내려고 노력하다 보면 양적 평가가 이루어지고 정작 조직의 사명과 목표에서는 멀어지는 사례가 발생한다. 본말이 전도되는 것이다.

일반적으로 '계량화된 지표'는 대부분 조직의 고유 목표나 사업과는 관계없이 여러 조직에 공통적으로 통용되는 기준으로 만들어진다. 계량화된 성과 지표를 하나하나 잘 이행했다고 평가받은 조직이 사회적으로는 좋지 않은 평판을 받는 사례가 빈번하다. 획일화된 계량 평가만을 토대로 그 기관을 보상하면 사람들이 그 평가를 신뢰할 수 있을까?

여전히 '신뢰'가 부족하기 때문에 벌어지는 일이다. 기관장을 제대로 선발해 권한을 위임하고 나서 임기를 마칠 때 비로소 엄정하게 평가하는 것이 신뢰 사회 원리에 부합한다. 임기 중에는 최대한 재량권을 발휘해 소신껏 조직을 운영하도록 믿고 맡겨야 한다. 권한과 책임을 함께 줘 중간간부에게도 권한을 위임하고 그 결과에 분명한 책임을 지게 해야 한다. 부하직원을 해임할 수 있는 권한을 부여하는 것이 권한 위임과 결과 책임의 징표이다.

권한을 주고 임기를 보장해줬는데도 자원 낭비, 수익 저하 등 실적을 못낸 경우에는 그 원인을 명확하게 가려 손해배상을 청구하거나 직권 남용으로 사후에 책임을 물어야 할 일이다. 임기가 끝난 뒤에도 확실하게 책임을 묻는 관행이 반복되어 규범으로 정착되면 누구나 책임을 무겁게 받아들이고 함부로 자신의 능력 밖의 중책을 탐하지 못할 것이다.

능력 중심 사회의 역사

17~18세기 유학 국가 조선에도 경쟁과 능력 중심의 제도 혁신을 주장하는 개혁가들이 있었다. 반계 유형원이 17세기 말에 제안했던 개혁안을 농암 유수원이 18세기 초에 더욱 발전시켜《우서迂書》를 통해 조선의 신분 질서와 교육제도를 개혁하는 방안을 제시했다.

유수원은 지방의 마을 단위까지 공립학교를 세우고 모든 인민의 자녀에게 교육 기회를 균등하게 제공할 것을 주장했다. "학교 단위마다 교육 과정을 마무리하면 시험을 치러 상급학교에 진학시키며 군현 단위도 단위 학교를 거쳐 시험에 합격한 자는 중앙의 학교에 진학하게 한다. 여기에서 과정을 이수해 합격한 자를 관료로 등용하자"는 구상을 펼쳤다. 유수원은 각 단계에 누구에게나 균등한 기회를 부여해서 경쟁하게 한 후, 시험을 치러 합격한 사람에게만 상급학교에 진학할 자격을 부여하자고 제안했다. 시험에서 떨어진 자에게는 농공상업 등 현업에 종사할 기회를 부여하면 된다고 했다. 이렇게 해야 개인 능력에 맞는 교육과 인재 선발이 가능한 제도가 마련된다고 제안했다.

유형원과 유수원의 제도 개혁 아이디어는 중국의 제도를 일부 인용하고 유학 이념을 반영한 것으로, 경쟁을 통한 능력 중심 사회를 만들자는 것이었다. 성리학 중심의 조선에서도 충분히 통용될 수 있다고 판단된, 개방과 경쟁 원리를 따른 혁신적 아이디어였다. 재미있는 것은 두 선각자는 조선 기준으로 특출한 '성리학자'였으며, 그들이 세안한 제도 개혁안도 유학 원리에 부합했다는 사실이다. 그러나 조선의 편협한 성리학자 관료들은 선구적인 제도 개혁안을 수용하지 않았고 조선은 발전할 기회를 잃고 말았다.

과학기술의 발전도 신뢰가 기반이 되어야

대한민국은 국내총생산GDP 대비 총 연구·개발비 투자 비율이 4.55퍼센트로 세계 1위 수준이다. 정부 예산에 의한 연구비 지원 규모도 세계 5위 수준이다. 이렇게 막대한 연구·개발 예산을 투입하고도 기초과학 연구가 부진한 것은 '신뢰 부족'이 주된 원인이다. 정부가 과학자들을 믿지 못해 장기적인 시각에서 연구하도록 지원하지 않고 단기적 성과에 집착한다. 그러니 과학자들도 장기적 관점에서 성공 확률이 낮은 연구는 기피하고 단기간에 가시적 성과를 내는 연구에만 몰두하게 된다. 관료들은 특정 과제를 집중 지원하면 특혜를 줬다는 비판을 받을까 두려워 가장 안전한 방식을 선택한다. 바로 실적이 나올 만한 여러 개의 단기 과제에 연구비를 분산 지원하는 것이다. 이른바 '나눠 먹기' 방식이다. 관료와 과학자가 사회에서 신뢰를 얻지 못해 생겨난 편법이고 병폐이다. 외관상 연구 개발의 성공률은 98퍼센트에 이른다.

과학기술 연구·개발비의 집행 사례를 보자. 과학기술 분야의 첨단 기술이나 이론 연구 분야는 다른 비전문가들이 판단할 수 없는 특수 전문 영역이다. 정부는 이 분야에 막대한 자금을 지원해 연구·개발을 촉진하고 있다. 연구·개발 계획서, 결과보고서는 누가 평가할까? 소수의 유사 분야 교수, 관료들이 평가한다. 고도로 전문화된 영역을 다른 사람들이 심사하고 판단하기는 대단히 어렵다. 비전문가인 관료는 말할 것도 없고, 유사 분야의 교수 역시 엄정한 평가를 시도하기 어려운데, 이는 과학자를 신뢰하지 못하고 비판을 허용하지 않는 학계 풍토 때문에 일어나는 현상이다.

과학기술 연구·개발 분야는 관련된 사람들이 지켜야 할 규범을 준수하지 않는다면 외부에서 이를 감시하기 어려워 사실상 법의 사각지대와 같다. 이때의 규범이란 지위에 부여된 권한, 직책에 따르는 책임을 말하는데, 정작 당사자들이 '전문가로서의 양심에 따라 성실히 직분을 다한다'는 신뢰를 저버리는 경우가 있다. 이런 규범 위반, 신뢰 저해의 관행이 반복되고 고착되면 과학기술이 발전하기 어렵다. 대한민국이 국내총생산 대비 세계 최고 수준의 연구·개발투자를 하고 정부예산으로 한 해 25조 원 이상을 집행하고도 과학기술로 세계를 선도하지 못하는 이유도 여기에 있다고 본다.

엄격한 심사제도를 만들어도 과학기술 전문가 집단에 대한 불신, 그들 사이의 부조리를 없애기는 어려울 것이다. 결국 '신뢰가 바탕이 된 건전한 토론 문화와 자율 심사제도 확립'이 우선이다. 객관적인 자료와 이론에 근거해 치열하게 토론하며 심사해야 한다. 과학기술 전문가는 '최고 전문가'로서의 명예를 걸고 심사하되 담합이나 부정행위가 있으면 투명하게 공개하고 학술 공동체에서 퇴출시키는 자율 제재의 규범을 세워 시행하는 것이 필요하다.

최고 전문가에게는 그에 상응하는 권위와 명예를 부여하고 깊은 신뢰를 보내야 하며 신뢰를 저버리는 위반 행위를 했을 때는 엄정하게 제재해야 한다. 동료 학자들도 학계 명예와 위신을 떨어뜨리고 직업윤리를 위반한 사람을 감싸주지 않고 '신뢰를 저버린 불신 학자'로 규정해서 제재해야 학계 발전을 이룰 수 있다.

그렇다고 해서 과거의 사례까지 조사해 불이익을 주자는 것은 아니다. 지난 비리는 문제가 드러난 경우에 한하여 제재하고 앞으로의 문제에 집중하는 것이 더 중요하다. 학계에서 가장 신망 있는 인사를 심사평가위에 배치하고 그를 신뢰해 전권을 위임하는 것이 좋을 것이다. 과거에 관행상 저지른 과오를 지금 기준으로 문제 삼기보다는 앞으로 신뢰를 저버리는 사람을 용서하지 않는 원칙을 지켜나가는 것이 정도라고 본다.

이에 앞서 과학자 스스로 규범, 규칙을 지키고 관료와 국민은 과학자들을 신뢰하며 지원하고 기다릴 수 있어야 한다. 연구개발이 하루아침에 결실을 맺기 어렵고, 진행 상황을 평가하기도 어렵기 때문에 과학자들이 양심껏 성실하게 일할 것을 믿고 기다리는 것이 최선이다. 과학자들은 이 기대를 등에 업고 최선을 다해 규범을 지키며 주어진 역할을 잘 해내는 것이 옳은 길이다. 대한민국은 압축 성장 과정에서 이런 관행과 전통을 확립할 기회를 갖지 못했다. 다행히 세계적으로 명성을 쌓아가는 과학자들의 노력과 성과가 눈에 띄기 시작하는 지금, 하루빨리 신뢰 문화를 정립해야 한다.

'성과 인정'은 신뢰의 중요한 기반이다

사회주의가 몰락한 이유는, '사람들은 자신의 경제적 이익에 가장 최선을 다한다'는 인간 본성을 거스르는 '균등 분배' 원리 때문이다. 균등분배는 이론적으로는 그럴 듯하지만 인간의 본성에 반하기 때문에 점차 생산성이 떨어져 성장을 지속할 수 없게 된다. 이는 '구 소련의 집단농장', '중공의 인민농장' 실패 사례로 입증되었다.

애덤 스미스는 《국부론》에서 인간이 자신의 경제적 지위를 향상시키려는 욕구는 너무도 강렬해서 이것만 보장되면 설사 다른 제도에서 불합리한 것이 있다 해도 한 국가는 성장을 이룰 수 있다고 주장했다. 즉, "영국의 법률은 모든 사람이 자신의 노동의 성과를 향유할 수 있도록 보장하고 있는데, 이것만으로도 온갖 불합리한 상업 규제들에도 불구하고 한 나라를 번영시키기에 충분한 것이다", "모든 개인이 자신의 상태를 개선하려는 자연스러운 노력은 자유롭고 안전하게 발휘될 수만 있다면 너무나 강력한 원동력이기 때문에, 다른 어떤 것의 도움 없이 그것만으로도 사회에 부와 번영을 가져다 줄 수 있다"*는 진리를 밝히고 있다.

앞서 논의한 《문화에 발목 집힌 한국경제》를 통해 문화인류학자 김은희 교수는 1997년 IMF 외환위기가 '유교적 도덕주의'를 추구한 김영삼 정권의 반기업적 정책 때문이라고 주장했다. 헌법을 수호하겠다고 선서한 대통령이 헌법에 규정된 시장경제 질서에 반하는 발언을 하고 그런 정책을 펼쳐도 되는가? 당시 대한민국 사회는 이런 발언을 크게 문제 삼지 않는 문화를 갖고 있었다. 김은희 교수는 이런 사고방식이 반재벌을 넘어 반기업적 정책과 문화를 조성하였다고 평가했다. 그런 문화의 영향이 기업인들의 사기가 오르고 경제 활동이 왕성하게 진행되기 어려웠고 외환위기가 초래된 요인 중 하나였다고 지적한 것이었다.

미국과 일본 등 자본주의 국가에서는 기업인들의 활동을 지원하기 위해 대통령, 정부가 직접 나서기도 한다. 이는 시장경제 체제에서 정부가 해야 하는 역할이다. 대한민국에는 정부가 대기업을 지원하면 과거 고도성장기 정경유착의 잔재라고 비판하는 경향이 있다. 기업이 잘되어야 국가 경제가 성장하고 일자리가 만들어지며 국민이 잘살게 된다는 논리에 알레르기적 반응을 보이는 사람이 많다. 아이러니한 것은 그런 반응을 보이는 이들도 자식이 재벌 그룹에 취직되면 크게 기뻐한다는 사실이다. 성과에 따른 개별적 차등 보상을 기피하는 정서는 과거 가혹했던 조선 신분제의 유산이라 생각된다. 뿌리 깊은 평등주의, 평준화 사상은 신분적 차이나 불평등에 예민한 반응을 보인다.

최근 우리나라에도 공기업, 은행 등에 성과보상적 급여 체계가 많이 도입되었으나 여전히 기본 급여 체계를 연공서열 중심의 보수 체계로 유지하는 기업들이 많다. 연공에 따라 급여가 계속 오르기 때문에 나이가 많은 직원이 생산성이 좋은 젊은 직원보다 훨씬 높은 임금을 받는다. 청년들은 이런 연공급 임금 체계가 젊은 층에게 불공평하고 불합리한 제도라고 지적한다.

성과를 엄정히 평가하지 않으면 높은 생산성을 기대하기 어렵다는 것은 역사적으로 입증된 사실이다. '보상 수준에서 어느 정도의 차이를 둘 것인지'가 중요한 문제다. 성과의 차이를 인정한다면 보상 수준의 차이는 크지 않아도 된다. 오히려 과도한 보상 격차는 새로운 문제를 야기한다는 지적도 있다. 중요한 것은 '직무 능력을 잘 갖추고 있으며 열심히 일했으니 그 성과를 인정해달라'는 요구이므로 성과는 제대로 인정하되 보상의 격차는 크지 않게 설계할 필요가 있겠다.

노조의 역할은 사용자와의 교섭을 통해 수익 중에서 노동자 측에 배분되는 몫을 늘리기 위해 노력하는 것이다. 확보된 몫을 개별 노동자에게 배분하는 방법은 노동자의 기여도에 따라 나누는 것이 합리적이다. '개별 기여도나 능력과 관계없이 모두 똑같이 나누자'는 것은 이미 실패한 사회주의 방식이다. 잘하는 사람을 우대하고 못하는 사람을 벌주는 신상필벌 원칙이 없는 평등화 지향의 조직과 사회는 발전하기 어렵다. 이는 역사 속에서 수없이 반복, 검증되었다. 실력을 인정받고 이익을 추구하고 싶어 하는 인간 본성에 반하는 것이다. 앞서 이야기한 '창의적이고 역동적인 한국인의 기질'에도 맞지 않는다.

능력주의에 관한 재고

최근에는 '능력주의'의 폐해나 부작용을 지적하는 연구도 나오고 있다. 예일대학의 대니얼 마코비츠 교수는 2020년 출간한 저서 《엘리트 세습The Meritocracy Trap》에서 능력주의의 폐단을 지적했다.[•] 능력주의가 본래의 의도에서 벗어나 계층 간 과도한 격차와 차별을 초래해 심각한 부작용이 발생한다고 주장했다. 능력주의가 소수 엘리트 계층과 중산층을 분리해 소수 엘리트에게 부와 특권을 집중시키고 중산층은 사회·경제적 혜택과 기회에서 배제되어 소외되고 불평등이 심화되었다고 비판했다.

미국에서 명문대 출신의 소수 엘리트에게 집중된 부와 특권은 이 계층에 편입되기 위해 최고 명문대학 입시에 치열한 경쟁을 유발했다. 이러한 교육 경쟁에서 승리한 엘리트들은 최고로 선호

[•] 대니얼 마코비츠, 서정아 옮김, 《엘리트 세습》(세종서적, 2020). 최근, 마이클 샌델 교수도 《공정하다는 착각》(와이즈베리, 2020)에서 능력주의의 부작용을 지적했다.

되는 직장에 취업했고 그 직책을 유지하기 위해 치열하게 일하면서 특별한 성과를 내고 그 결과 막대한 보상을 받는 구조가 고착화되었다. 마코비츠 교수는 이런 능력주의가 사회 양극화, 중산층 붕괴 등 부작용을 낳으므로 이를 개혁해야 한다고 비판하면서 몇 가지 개혁 방향을 제시했다. 우선 교육에서 개방적이고 포용적인 입시 제도가 필요하다고 제안했다. 교육 기회 균등을 위해 명문대 입시에서 대학이 부자 엘리트 가정에 비해 불리한 위치에 있는 저소득 가정 자녀를 특별히 배려하는 입학 정책을 펴도록 조세로 지원해야 한다고 강조했다. 또한 기업도 소수 엘리트 중심으로 운영하지 말고 다수의 중간 숙련 근로자를 위한 기술 개발을 촉진해야 하며 정부는 중간 근로자 고용을 늘리는 기업에 세제 지원하는 개혁안을 제안했다.

그러나 능력주의에 대한 이 같은 비판은 미국에서 치열한 경쟁을 뚫고 시장을 선점한 소수의 IT전문가, 대형 로펌의 변호사, 월가의 금융전문가 등 매우 한정된 사람들과 관련되는 이야기다. 대한민국은 능력주의의 폐해를 걱정할 상황이 아니며 아직 능력주의가 본격적으로 시행되지 못한 것이 더 문제이다. 성과를 엄정하게 평가할 때도 이를 반영하고 활용하는 방법은 여러 가지가 있다. 강조되어야 할 것은 잘한 사람과 잘하지 못한 사람을 똑같이 대우해서 사기를 떨어뜨리거나 의욕을 꺾어서는 안 된다는 것이다.

외국인의 눈에는 이런 문제가 더 선명하게 인식되는 것 같다.

《한국, 한국인》의 저자 마이클 브린은 한국에서 산 지 30년이 넘은 영국 출신 기자이다. 브린은 "한국의 당면 과제는 성공에 이르는 길을 다변화하고 사회적 서열을 자존감과 분리시키는 것이다"라고 지적했다. 이는 '어떤 분야든지 적성과 능력을 발휘해 일정한 성취를 이뤄낸 사람을 존중해야 한다'는 생각에서 비롯된 지적이다. 브린은 '성공'을 판단하는 기준도 바꿔야 한다고 제안했다. 브린은 유교 전통의 영향을 받은, "체면을 중시하고 타인의 시각을 자신의 생각보다 더 따지는 문화에서 탈피하자"고 이야기했다. 다른 사람의 시각을 의식하는 체면 중시 문화에서 성공의 기준이 너무 단순화되었고 사회적으로 지위가 높은 사람만 성공했다고 대우하는 풍토가 문제라고 지적했다. 대한민국은 이제 정치인, 관료, 법조인, 의사가 과도하게 대우받는 문화에서 탈피해야 한다. 대개 체면 중시 문화의 유산이다. 조선의 문화유산은 아직도 한국인의 의식 속에 남아 있다. 문화가 바뀌는 데는 많은 시간이 걸리므로 더 많은 사람의 공감과 참여가 필요한 것이다.

선진 사회와
지식인

프로이센 지식인 피히테의 노력

1806년 프로이센은 나폴레옹의 프랑스와 싸운 전쟁에서 완패해 수도 베를린까지 점령당하는 수모를 겪었다. 프로이센에는 당시 15만 명이 넘는 규모의 프랑스 군대가 주둔하고 있었고 그 주둔 비용도 프로이센이 지불해야 했다.

국가적 위기에 처하자, 철학자 요한 고틀리프 피히테는 프로이센 국민들을 일깨우는 것이 급선무라고 판단했다. 14회에 걸친 강연을 통해 독일 국민 전체에 호소했다. 청년과 노인, 사상가, 학자, 문필가, 독일 연방의 제후까지 열거하며 각자의 위치에서 해야 할 일을 깨우쳐 설득했다. 강연 내용은 다음 해 《독일 국민에게 고함》이라는 책으로 출판되었다. 강연에서 그는 "프랑스의 점령에서 벗어나기 위해서는 위대한 문화를 가진 독일 국민이 모두 강연에서 제기된 문제에 대해 생각해보고 또 각자가 자기 위치에서 가장 절실한 사항을 찾아 노력해 줄 것"을 요청했다.[●]

피히테는 1807년부터 1808년까지 베를린 학술원에서 매주 일요일, 14회에 걸쳐 강연했다. 이 강연에서 그는 독일 문화와 독일어의 우수성을 강조했고, "애국심을 고취해 국민정신을 함양하는 것이 독일을 재건하는 지름길"이라고 역설했다.

그는 독일이 패전한 근본 원인을 '국민의 이기심'이라 진단하며, 완전히 새로운 국민교육을 통해 '도덕적 개혁'을 추진하자고 촉구했다. 그는 도덕적 개혁을 실현해나가기 위해 완전히 새로운 교육의 기반이 된 베를린대학의 설립을 추진했다. 그 당시 피히테는 45세의 철학자로서 관념론 철학 연구와 저술 활동에 매진하고 있었는데, 나폴레옹 전쟁 패전을 계기로 국민을 계몽하는 실천적인 역할에 더 중점을 두게 되었다. 이 강연은 조국이 위기에 직면할 때 사회의 지도층인 지식인이 어떤 역할을 실천해야 하는지 직접 보여준 본보기로 꼽힌다. 그는 자신이 설립한 베를린대학교의 초대 총장을 맡기도 했다.

● 요한 고틀리프 피히테, 박희철 옮김, 《독일 국민에게 고함》(동서문화사, 2019).

백과사전을 만든 프랑스 계몽주의자 드니 디드로

18세기, 새로운 사상이 엄청나게 쏟아져 나오자 프랑스 계몽주의자들은 이를 모아서 시민 누구나 쉽게 읽을 수 있도록 정리하고 새로운 지식을 보급하는 일이 당대 지식인의 과제라고 판단했다. 드니 디드로Denis Diderot는 18세기 계몽철학, 소설, 희곡 등 다방면에서 수많은 저작을 남긴 계몽주의의 대표적 문필가로, 특히 기념비적 저작《백과전서》의 편찬으로 역사에 기록을 남긴 인물이다.

그는 왜 '백과사전 편찬'을 떠올렸을까? 당시 한 서적 상인이 디드로에게 최초로 출판된 영문판 백과사전Cyclopaedia을 프랑스어판으로 번역해보지 않겠냐고 제의한 것이 계기가 됐다. 디드로는 그 제안을 받아들여 영문판 백과사전을 번역했고 이에 그치지 않고, 세상의 모든 새로운 개념과 지식을 전부 수록하자고 제안했다. 그의 열정은 서적상들을 감동시켰고, 결국 이 사업에 처음보다 더 많은 예산을 배정하게 했다.

당시 32세였던 디드로는 극빈상태에서 어렵게 살면서도 백과전서의 편집을 맡게 되었다. 이 과정에서 달랑베르의 도움을 얻어 몽테스키외, 루소, 케네, 뷔퐁 등 각 분야의 쟁쟁한 당대 전문가 180여 명을 설득해 참여시켰다. 이《백과전서》는 18세기의 새로운 학문·사상·기술을 집대성한 지식, 정보를 모아 놓은 책으로 그의 빛나는 업적이 되었다. 1751년에 첫 번째 책이 출간되고 나서 1777년, 33권의 백과사전이 완간되었다.

백과사전은 여러 권으로 나눠 제작되므로 제작비가 많이 들고 책값이 비쌀 수밖에 없었다. 그런데도 이 책의 출판 소식이 알려지자 구독자가 쇄도했다. 처음에는 3,000명의 구독자로 시작해 다섯 권을 낼 무렵에는 구독자가 4,000명으로 늘었다. 당시 새로운 지식을 열망하는 독자가 프랑스에 많이 있었다는 사실을 의미한다.

《백과전서》를 저술하는 20여 년 동안 디드로는 사전 편찬이라는 단조로운 고역을 감내해야 했는데, 끊임없는 정치적 박해에 시달리며 동료들이 집필진에서 이탈하는 고통도 겪어야 했다. 당시 프랑스 지배 계층은 백과사전파를 달가워하지 않았다. 《백과전서》에서 종교적 관용과 사상의 자유, 과학과 기술의 가치 등 진보적인 사상에 관해 논했기 때문이다. 바로 이러한 사실이 《백과전서》가 단순한 사전이 아니라 '국민 계몽을 위해 당대 지식인들이 벌인 시대적 과제'로 보는 근거가 되었다.

진보적인 내용은 전제정권과 가톨릭 성직자들을 비판하는 것으로 인식되었다. 결국 1752년 2월, 왕정은 《백과전서》를 금서로 지정했다. 튀르고를 비롯한 유력 집필자들도 지배층의 비판을 두려워하여 《백과전서》에 기고하지 않았다. 그래서 디드로는 혼자서 수백 편의 글을 써야 했다. 《백과전서》는 공개적으로 출판하기 어려워졌고, 지배층의 비위를 건드릴까 두려웠던 출판업자들이 위험성 있는 내용 일부를 제거하고 출판하는 등 많은 어려움을 겪었다.

미국과 영국의 국민 계몽 사례

토마스 페인은 영국의 식민 지배를 받고 있던 미국에서 1776년 1월, 《상식》이라는 작은 소책자를 출간했다. 그는 이 책을 통해 미국인들에게 영국으로부터 독립을 선언하자고 공개적으로 촉구했다.* 당시는 많은 미국인들이 영국의 (식민) 지배와 군주제가 당연하다는 의식을 갖고 있던 때였는데, 토마스 페인은 명쾌하고 단호한 논리로 미국인들의 독립심을 격동시켜 영국과 독립전쟁을 벌이는 기폭제를 제공했다. 이 책은 당시 수십만 부가 팔렸고 미국인 대다수가 이 책을 읽었다. 결국 책을 읽은 사람들이 감동하여 자발적으로 독립전쟁에 참여하는 계기를 만들었다.

토마스 페인은 미국이 영국으로부터 독립해야 한다는 생각은 지극히 '상식'이라고 주장했다. 그는 두 가지 논리를 제시했다. '국왕이 권력을 세습하면서 국가를 지배하는 군주체제는 지극히 비상식적'이라는 논리와 '거대한 대륙인 미국이 작은 섬나라 영국의 지배를 받는다는 것도 비상식적'이라는 논리였다. '미국이 독립된 공화국으로 재편되면 두 국가뿐 아니라 세계 질서에도 이익과 평화를 가져다준다'는 상식이 그의 핵심 주장이었다.

19세기 말 영국이 인도를 다스릴 때 인도 행정청에는 약 1,000명 정도의 영국 관리들이 근무하고 있었다. 이런 소수의 영국 엘리트

---

* 토마스 페인, 남경태 옮김, 《상식》(효형출판, 2012).

관리들이 당시 3억 인구의 인도를 다스린 것이다. 영국의 역사 저술가 데이비드 길모어가 쓴 《시배 계급The Ruling Caste》에는 인도를 지배한 영국 엘리트 관리들의 능력과 활동을 상세히 기술하고 있다. 영국 동인도회사가 이런 관리들을 양성하기 위해 의회의 입법을 거쳐 1862년 설립한 공립학교가 헤일리베리Haileybury College이다.

이 학교는 학생들이 국내뿐 아니라 세계 여러 곳에 관리로 파견되어 '대영제국의 위상을 높이는 역할'을 수행하도록 교육했다. '국가와 사회에 대한 봉사'가 교육 이념이었고, 영국의 도덕적 우월성과 봉사정신에 대한 교육이 강조되었다. 인도의 영국 관리들은 인도 사회의 풍습이나 사회적 관행에 대해서는 간섭하지 않았다. 식민 통치 관리들의 행동윤리는 피지배층을 대할 때 "아버지가 아들에게 하듯이 자선적이고, 공평하며, 청렴해야 된다"는 것이었다. '영국 관리들은 절대로 뇌물을 받지 않는다'는 인도 국민들의 신뢰가 영국의 통치를 수월하게 해주었다.

인도와 파키스탄은 영국 관리들이 남긴 전통, 즉 자선적이고 공평하며 청렴한 공직 규범을 지금도 활용하고 있다. 이는 영국식 관리 방식이 성공했음을 입증하는 명확한 증거로서 영국의 공직 규범 전통은 지금도 이어지고 있다. 헤일리베리는 호주, 중국 등 여러 곳에 분교를 두고 이런 교육과 리더십을 세계에 전파하고 있다.

영국의 신사도와 시민의식

17세기 무렵 봉건사회에서 산업사회로 전환되면서 영국에는 귀족 아래에 있는 유산 계층, '젠트리Gentry'가 새로운 주류 계층으로 등장했다. 여기에서 '젠틀맨', '신사'라는 용어가 나왔다. 이들은 산업사회에는 새로운 시민문화가 필요하다고 판단하고 우선 지도층의 문화를 정립하려 노력했다. 영국에서 젠틀맨이 사회적 존경을 받은 이유는 그들이 처음부터 사회에 봉사하는 존재로 부각되었기 때문이다. 젠틀맨은 솔선하여 전쟁에 참여했고, 치안관 등의 관직을 무급으로 봉직했으며 지역 단위 자선사업을 추진했다. 그들만의 방식으로 노블레스 오블리주를 실천하며 시대에 맞는 지도층의 법도를 정립하기 위해 노력했다. 이렇게 하여 만들어진 것이 영국의 '신사도Gentlemanship'이다.

이들은 중세의 기사도를 모델로 삼은 신사도를 정립하면서 변화한 산업 시대에 맞게 발전시켰다. 중세 기사도는 교회를 수호하는 책임을 중시했고 근대 신사도는 '국가 수호'라는 책임감을 강조했다. 기사도에서 중시했던 '약자에 대한 배려'는 더욱 강화되어 신사도에서는 '약자를 존중하고 관대해야 하며 약속은 반드시 지켜야 한다'는 규범으로 발전했다. 기사도에서 강조한 '정의의 편에 서서 선을 실천하고 악과 불의에 맞서 싸워야 한다'는 책임감은

● 백승종, 《신사와 선비》(사우, 2018). 이하 내용은 이 책을 참조해 썼다.

신사도에서 계속해서 강조되었다.

당시 젠트리 지식인들은 책을 저술하고 신문 칼럼과 강연을 통해 신사도를 확립하려고 노력했다. 작가 리처드 브래스웨이트는 1630년에 《영국 신사The English Gentleman》를, 이어 1631년에 《영국 숙녀The English Gentlewoman》를 출간해 신사 숙녀의 규범과 예법을 제시했다. 또한 젠트리 계층이 자녀들을 교육하기 위하여 설립한 '퍼블릭 스쿨'은 모든 인문사회 과목에서 '신사의 교양과 미덕'을 강조했다. 퍼블릭 스쿨은 특히 스포츠를 통한 강한 체력 단련과 신사도의 생활화에 노력했다. '스포츠맨십'으로는 공정한 게임, 규율에 대한 복종, 인내심, 상대에 대한 존중을 중시했다. 심판의 결정을 존중하고 패배한 상대에게도 예의를 다하는 정신이 체육 활동과 교육을 통해 강조되었다.

신사 계층은 점차 사회의 중간계급을 형성하며 근대 국가의 주류 계층이 되었고, 이들이 형성한 신사도가 근대 시민국가의 발달과 함께 시민의식으로 정립되었다. 19세기 영국의 황금기 빅토리아 시대에는 공유된 가치관과 풍조가 국가를 지배했다. 신사 계층과 깨어 있는 지식인, 정치인들이 주도해 고유의 가치관을 형성했고 이렇게 형성된 가치관을 사회에 전파하는 역할을 맡았다.

당대 지식인들은 시대를 대표하는 가치관, 즉 '경쟁'과 '자조'를 기반으로 하면서도 가정을 존중하고 도덕적 엄격함을 유지해야 함을 강조했다. 1859년 출판된 새뮤얼 스마일스의 《자조론Self-help》, 《검약론Thrift》 등이 대량으로 판매되며 당시의 복음서 같이 유행했다. "하늘은 스스로 돕는 자를 돕는다"라는 첫 문장으로 유명한 스마일스의 《자조론》은 영국에서 각 분야에 경쟁과 자조의 원칙을 정립하는 데 크게 기여했다.[*]

행동하는 지식인

번영의 빅토리아 시대에는 자유주의와 자본주의 경제 체제를 발전시킨 지식인, 학자도 많이 배출되었다. 대표적인 지식인이 존 스튜어트 밀이다. 존 스튜어트 밀은 자유주의와 경제학의 발전에 획기적인 기여를 했고 '공정'과 '관용'을 강조하는 진보적인 이념을 정립했다. 자신의 이해관계를 떠나 불편부당한 입장에서 보려는 공정과 자신의 이익이 침해되더라도 타인의 정당한 권리를 존중하는 관용의 미덕을 강조했다. 존 스튜어트 밀은 동양(중국)과 달리 유럽이 오래 진보할 수 있던 원동력으로 '개인의 다양성을 인정한 관용'을 들었다. 그는 "유럽인은 그들이 특별히 뛰어나서가 아니라 개인의 성격과 교양이 다양하다는 사실을 일찍 인정하고 각자 다양한 길을 가도록 관용하며 타인이 제공하는 이익을 받아들였다"고 강조했다.[**]

---

[*] 박지향, 《영국사》(까치, 2009).
[**] 이근식, 《존 스튜어트 밀의 진보적 자유주의》(에크리, 2006).

밀은 개인적 이익에서 벗어나 올바르게 판단할 수 있는 통찰력 있는 지식인들이 사회 발전을 선도하는 역할을 해내야 한다고 주장했고, 그 역할을 직접 실천한 '행동하는 지식인'이었다. 산업혁명이 진전되면서 19세기 영국에서는 빈부격차의 확대, 열악한 노동 조건 같은 사회 문제가 핵심 과제로 등장했다. 유럽의 여러 국가는 노동자의 요구가 분출되며 혁명의 소용돌이에 휘말렸다. 영국의 일부 지식인, 정치인들은 영국을 혁명의 위기에서 지켜내기 위해서는 지도층이 더 주도적인 역할을 해야 한다고 자각했다. 그들은 이제까지 지켜온 고전적 자유주의 철학까지 수정해 국가가 개인의 자유 실현을 위해 필요하다면 교육·보건·주거 지원 정책을 시행해서 개인이 적극적 자유를 실현하도록 제도를 보완할 수 있고, 그 보완은 자유주의 철학으로 수용 가능하다는 이론을 정립했다. 이것이 '진보적·사회적 자유주의'다. 진보적 자유주의는 유럽 복지제도 도입의 근거가 되었다.

한편 영국 종교인들은 19세기에 유행했던 기독교 복음주의Evangelicalism에서 신의 뜻에 합당한 도덕 규범에 따른 생활을 강조했다. 복음주의 신앙은 개인의 양심과 도덕성을 강조하고 인간과 사회제도가 선행에 의해 완벽해질 수 있다는 믿음을 심어주었다.

변혁의 시대, 공부를 시작한 일본

도쿠가와 시대에 일본은 조선을 통해 성리학, 유학을 전수받았다. 18세기 전반까지는 성리학과 유학이 크게 확산되지 않았다. 그러다가 18세기 후반부터 19세기에 걸쳐 유학 공부가 일본에서 크게 번창하게 되었다. 그 주된 원인은 전쟁이 없는 평화 기간이 지속되면서 무사(사무라이) 계층이 관리로 변모해 행정 실무를 담당하게 되었기 때문이다. 행정 업무를 수행하기 위해서는 무술을 연마하는 것보다 유학 지식과 학문을 익히는 것이 더 중요했다.

이러한 시대적 요구를 따라 다이묘(지방 영주)들은 경쟁적으로 공·사립 학교를 세우고 학문을 권장했다. 다른 신분 상승 기회가 없었던 하급 무사들은 학문 공부를 통해 공직, 상공업, 문화 등 여러 분야에서 새로운 기회를 모색했다. 무사들은 학교 또는 별도 학습회에 참여해 네트워크를 만들고, 현실 정치에 대한 자신의 의견을 적극적으로 피력했다. 이것이 '사무라이의 정치화 과정'이다. 이들은 학문을 통해 메이지 유신 이후 근대국가 건설의 중추세력으로 거듭날 역량을 쌓게 되었다.

19세기 세계적 격변의 시대에 일본에서는 이러한 실용적인 교육 열풍이 사무라이 계층을 넘어 상인, 기술자, 농민에게도 확산되기 시작했다. 이 시기를 '교육 폭발의 시대'라고 부르기도 한다.* 이

● 박훈, 《메이지 유신은 어떻게 가능했는가》(민음사, 2014).

런 체제가 가능했던 것은 정치 권력을 분산시킨 지방분권화의 영향이었다. 250여 명의 다이묘 중 상당수는 지방의 산업 발달과 인재 양성에 깊은 관심을 가져 성과를 냈고, 몇몇 지역의 성공 사례가 다른 지역으로 확산되었다. 이런 과정을 통해 일본은 개혁을 추진할 중추 인력을 양성하고 산업화 기반을 구축할 수 있었다. 중앙 정부가 무능해도 일부 지방에서 구축한 역량이 개혁을 추동할 수 있었다.

개화기에 스스로 공부하면서 국민 계몽에 앞장선 인물로 후쿠자와 유키치가 있다. 그는 누구보다 앞서 서양 학문에 눈을 떴고 '일본이 서양을 따라가려면 공부해야 한다'고 절감했다. 그래서 20대 초반부터 네덜란드에서 들어온 난학蘭學을 배우고 해부학에 기초한 의학도 공부했다. 서양 문명을 배우기 위한 목적으로 영어를 공부해 해외사절단에 참여했으며 미국을 방문하고 유럽 6개국도 순방했다. 이어 교육의 필요성을 절감하여 1868년, 사립대학인 게이오기주쿠대학慶應義塾大學을 설립했다. 19세기 후반에 일어난 일이다.

미국과 유럽을 순방하고 서양 문헌을 공부한 그의 사상을 압축한 것이 1872년 출판된 《학문의 권장》이다. 출간되자마자 베스트셀러가 되었고 독자들의 요청으로 1876년까지 추가로 17편이 출간되었다. 후쿠자와는 그 공헌의 결과로 1984년 일본 최고액권 지폐 1만 엔 권에 초상이 실리는 영예를 안게 되었다. 그의 교육으로 다카스기 신사쿠, 이토 히로부미 등 존왕양이 지도자들을 배출했고 이들이 이후 메이지 유신의 주역이 되었다.

후쿠자와 유키치는 사상과 학문, 교육으로 일본이 봉건시대를 정리하고 근대국가를 건설하는 데 기여한 대표적인 지식인이다. 그가 다른 지식인과 달리 후대의 위대한 인물로 존경받으며 각인된 이유는 무엇일까? 격변기에 그는 지식인들이 먼저 공부해야 한다는 것을 절감하고 스스로 난학, 의학, 주자학, 영어 등을 열심히 공부한 선각자였다. 또한 서양을 배우기 위해 미국을 비롯한 유럽 여러 국가를 직접 방문해서 현지에서 서양 문명을 공부했고 1866년에 《서양사정》이라는 책을 발간했다. 또 학교를 설립했으며 서양 서적 번역, 교재 저술에도 매진했다.

19세기 후반 영국의 지식인들은 메이지 유신 이후 일본의 개혁을 높이 평가하며 특히 교육을 강조한 모습에 주목했다. 그들은 일본 지배층이 개혁을 위해 기득권을 내려놓는 '양보'를 결단한 점, 정부의 국민교육 장려와 각종 교육기관 설립, 외국 문물 학습, 일본인의 근면성 등을 개혁 성공의 중요한 요인으로 보았다.

개화기의 조선 지식인

이런 변혁의 시대, 조선 지식인들은 어떤 역할을 했을까? 18세기 조선은 일본보다 왕성하게 성리학 연구와 교육 활동을 펼쳤다. 그러나 19세기에 들어서는 오히려 교육열이 쇠퇴했다. 세도정치와 삼정의 문란 등 정부의 부패와 매관매직으로 학자나 관료가 되는 기회가 제한되었다. 서원 중심의 폐쇄적인 학문 문화가 지속되었고, 대원군의 서원 철폐령은 그나마 지역 사회 학자들의 공동체였던 서원이 제 기능을 발휘하기 어렵게 만든 계기가 되었다.

폐쇄적인 제도, 상공업 억제와 해금 정책의 영향으로 사회 전반에 폐쇄적인 문화가 형성되어 학자들도 외국의 문물, 서양의 새로운 학문을 이단시하며 스스로 문을 닫았다. 18세기 후반부터 19세기 초반에 청나라를 다녀온 일부 학자들이 서양 학문, 즉 서학을 도입하려 시도했으나 기독교 탄압의 역풍으로 점점 더 폐쇄적인 문화가 확산되었다. 1876년 타율적으로 개항하고 나서도 조선은 서양의 지식과 기술, 외국어를 교육하고 통상 교섭을 맡을 전문가를 양성하지 못했다. 서양에 관한 자료조차 구하기 어려웠다. 학자들도 새로운 학문을 공부하려는 의지가 부족했고, 청소년들은 실용적인 학문을 배울 기회가 차단되었다.

19세기에 서양을 소개한 서적이 출간되는 일도 드물었고 서적 유통 시장 자체가 형성되지 않았다. 1889년 유길준이 집필을 마무리한 《서유견문》은 후쿠자와 유키치가 저술해 일본에서 베스트셀러가 된 《서양사정》이 모델이었다. 《서유견문》은 정작 조선에서는 출판되지 못하다가 일본 도쿄에서 유키치의 도움으로 1895년에 비로소 출판되었다. 시기적으로 많이 늦어 조선의 개화에 기여하지 못했고 민간에게 보급되지도 않았다.

서양의 문화를 익히고 수용해야 할 시기에 출판 시장이 형성되지 않아 서적의 출판과 보급이 어려웠고 학자들이 공론화하거나 청소년들에게 가르칠 엄두를 내기 어려웠다. 19세기에《경세유표》같은 다산의 대작도 출판되지 못해 학자, 관료가 일부분을 필사해서 읽었다. 일본에서는 무사 계급 이외에 새로 성장해 광범위한 세력을 형성한 상공업자 계층이 서적의 새로운 수요자였다. 조선은 상공업을 억제한 결과로 구매력을 가진 상공업자 계층이 형성되지 못해 서적의 수요자가 확대되지 못했다. 출판시장이 형성되지 못했고 서적 구매 여력이 있고 공부할 욕구를 가진 소비자가 적었다.

일본의 '서양 배우기 열풍'은 1871년 이와쿠라 사절단의 파견에서 여실히 드러난다. 이와쿠라 사절단은 특명전권대사 단장으로 임명된 현직 외무대신과 고위 관료, 유학생 등 107명으로 구성된 대규모 사절단이었다. 이들은 1년 10개월 동안 서양 12개국을 순회하며 서양의 제도와 문화를 공부했다. 사절단은 주로 20~30대를 주축으로 편성되었는데 여성 유학생 5명을 포함하여 유학생 43명이 동행했다. '미래 인재 육성'이 파견의 목적이었다. 〈특명전권대사 미구회람실기美歐回覽實記〉라는 사절단의 공식 보고서는 100권으로 구성되어 책으로 출간되었고 일본 사회에서 두루 읽혔다.

그로부터 10년이 지난 1881년(고종 18년) 조선은 '신사유람단紳士遊覽團'이라는 시찰단을 4개월 동안 일본에 파견했다. 신사유람단에는 박정양, 어윤중, 홍영식 등 젊은 개화파 관리들이 선발되었다.

12명의 전문위원과 수행원, 통역 담당자를 포함해 30~40대 인재 40명으로 구성되었다. 이들은 개화를 반대하는 위정척사파의 눈을 피하기 위해 비밀리에 부산에 모인 뒤 일본으로 건너갔다. '신사유람단'이라는 명칭은 '여행하는 선비들'을 의미했다. 일본은 정부 차원에서 이들을 환영하고 극진히 대접했다. 신사유람단의 시찰 대상국은 일본뿐이었다. 이들은 귀국 후 바로 각자의 여행 기록과 함께 시찰 보고서를 작성해서 고종에게 제출했다. 이들의 기록은 100여 권이 되었으나 출판되지 못했다. 학자와 서민들은 이들이 남긴 지식을 접하거나 읽어볼 기회를 갖지 못했다.

조선에 19세기 후반 개항 이후 출현한 개화사상은 식민지화의 위기 가운데 애국계몽운동으로 연결되어 학교 설립을 위한 신교육운동, 실력 양성을 위한 식산흥업운동을 촉진하기도 했다.[●] 그러나 급변하는 세계 정세 속에서 너무 늦은 움직임이었다.

드레퓌스 사건과 지식인의 용기

1894년 9월, 프랑스 육군 정보국은 파리 주재 독일무관의 집에서 프랑스군 내부 비밀정보를 독일 쪽에 넘기는 자가 있다는 의심이 들게 하는 메모를 입수했다. 육군참모본부는 필적을 근거로 참

● 이헌창, 《한국경제통사 제6판》(해남, 2014).

모본부의 유대인 포병대위 알프레드 드레퓌스를 혐의자로 체포했다. 1894년 12월 19일, 역사적인 재판이 시작되었다. 재판에서 드레퓌스의 변호인은 유죄 증거가 문서 하나뿐이며 그것 또한 그를 범인으로 몰기에는 매우 부족한 자료라고 주장했다. 공개 재판을 요청했으나 그마저 거부당했다. 국방성에서 나온 참관인도 처음에는 드레퓌스의 무죄를 인정했으나 갑자기 상황이 바뀌게 되었다. 반독 정서, 반유대주의라는 사회 분위기가 여론을 주도하면서 유대인인 드레퓌스 대위를 범인으로 단정해버린 것이다.

1894년 당시 프랑스는 프로이센-프랑스전쟁(1871년)의 패전 충격에서 완전히 벗어나지 못한 상황이었다. 프로이센-프랑스전쟁이 패배로 끝나자 프랑스 여론은 패배의 원인과 책임을 찾기 위해 혈안이 되었고, 정부는 정부대로 군사력 강화와 국익을 최우선시하는 정책에 매달렸다. 이러한 국가주의적 정서는 반유대주의와 더불어 더욱 배타적으로 진전되어 결국 '드레퓌스 사건'이라는 초대형 사건을 일으키는 계기가 되었다. 이후 수년 동안 프랑스는 가톨릭교회와 군부, 우익 언론 등의 보수 세력과 이를 비판하는 진보 세력이 반유대주의와 드레퓌스의 무죄 여부를 놓고 대대적으로 격돌했다.

이렇게 사회가 분열되자 프랑스 지식인들이 나서기 시작했다. 프랑스 자연주의 문학의 대가 에밀 졸라는 1898년 1월 13일, 프랑

● 위키백과, '드레퓌스 사건', 2020. 3. 11.

스 일간지 〈로로르〉 1면에 '나는 고발한다J'accuse!'라는 제목으로 대통령에게 보내는 장문의 편지를 실었다. 에밀 졸라가 쓴 이 편지는 프랑스 국론을 양분한 드레퓌스 사건의 흐름을 바꿔놓았다. 프랑스의 가톨릭 세력과 보수 언론이 반유대주의 기치를 내걸고 드레퓌스의 처벌을 주도하고 있을 때 졸라는 이 편지를 통해 드레퓌스의 무죄를 주장하고 군부 세력을 비판했다. 그는 드레퓌스가 무죄라는 데 자신이 그동안 쌓아올린 문학적 성취와 명예를 걸었다. 졸라에 이어 에밀 뒤르켐, 마르셀 프루스트, 클로드 모네 등 지식인들이 나서서 드레퓌스 사건 재심 청원서에 서명했다.

그러나 이 편지로 졸라가 치러야 했던 대가는 매우 컸다. 그는 많은 지지와 응원을 얻은 동시에 보수주의자들에게 살해 위협을 받았고 명예훼손 혐의로 재판에 넘겨져 징역 1년의 유죄 판결을 받기도 했다. 결국 그는 영국으로 망명을 떠날 수밖에 없었다. 그 후 '에밀 졸라의 편지'는 지식인의 역할을 얘기할 때 수시로 인용되는 기념비적인 작품이 되었다. 졸라의 노력과 드레퓌스파의 힘겨운 싸움 덕분에 드레퓌스의 무죄가 입증되었지만 드레퓌스의 유죄를 주장했던 가톨릭교회와 군부는 끝까지 졸라를 괴롭혔다. 그는 생전에 "진실이 전진하기 위해서는 얼마나 많은 늪지대를 지나가야 하는 것일까?" 한탄했다.

'진정한 지식인의 역할'을 강조한 장 폴 사르트르는 실존주의 철학을 대표하는 프랑스의 작가이자 철학자다. 그는 한때 마르크스, 레닌, 모택동 등 공산주의자에게도 빠졌고 정치 참여적인 문학과 철학 작품들로 프랑스의 지식인들과 정치계에 큰 영향을 끼쳤다. 사르트르는 1964년 노벨문학상 수상자로 선정되었으나 수상을 거절했고 이후 프랑스 최고 훈장, '레종 도뇌르'도 거부했다. 수상 거절의 이유로 사르트르는 "어떤 인간도 살아 있는 동안 신성시되길 원치 않는다"라는 말을 남겼다.

장 폴 사르트르는 1965년 일본에서 '지식인의 역할'에 관해 세 차례에 걸쳐 강연했다. 강의 내용은 《지식인을 위한 변명》이라는 책으로 출판되어 널리 알려졌다. 사르트르는 자신을 기만하면서 지배 계급의 사주를 받아 특수 이데올로기를 옹호하는 지식인들을 '사이비 지식인'이라고 비판했다.• 이들 사이비 지식인은 진정한 지식인처럼 "아니다"라고 말하지 않고 "아니다, 하지만…" 또는 "나도 잘 안다. 하지만 그래도…" 식의 책임회피식 화법을 즐겨 쓴다고 지적했다.

사르트르는 "지식인은 고독하며, 고독은 지식인의 운명"이라고 말했다. 그에게 진정한 지식인은 '우리 시대의 모든 갈등 속에 스스로 참여하지 않을 수 없는 존재'였다. 왜냐하면 '우리 시대의 갈등'은 그것이 계급 간 갈등이든, 국가 간 갈등이든 상관없이 혜택 받지 못한 사람들에 대한 지배 계급의 억압으로부터 비롯된 결과이기 때문이었다. 사르트르는 피지배 계급은 지식인에게서 '이데올로기'가 아닌 '실천'을 요구한다며 '실천적 지식인'이 되기 위한

● 장 폴 사르트르, 박정태 옮김, 《지식인을 위한 변명》(이학사, 2007).

두 가지 자세를 요구했다. 첫째, 지식인은 끊임없이 자기비판하면서 자세를 가다듬어야 한다. 둘째, 혜택 받지 못한 계급의 행동에 구체적으로, 거리낌 없이 참여해야 한다.

미국 기부 문화를 주도한 '강도남작'

'강도남작Robber Baron'이라는 용어는 19세기 후반 미국에서 엄청난 부를 축적한 사업가를 사회적으로 비판하기 위해 만들어졌다. 라인강을 통행하는 배에 엄청난 세금을 부과했던 중세 독일의 귀족처럼 탐욕스럽고, 강도처럼 부당한 방법으로 재물을 축적하며 사업을 확대했다고 하여 붙여진 이름이었다. 이들은 독점적 지위를 이용하여 상품 가격을 높게 책정하고 임금은 낮게 유지하면서 경쟁자들을 제거하며 자신들의 사업 제국을 건설했다. 또 이 과정에서 정부의 보조금, 관세 특혜도 챙겼다. 석유의 록펠러, 철도의 밴더빌트, 금융의 모건, 철강의 카네기 등이 대표적인 인물이다.

1859년 〈뉴욕타임스〉에서 강도남작으로 거론한 첫 번째 사례는 밴더빌트였다. 그는 정부에서 보조금을 받으며 운송 요금을 높게 책정하여 다른 경쟁자들이 진입하지 못하게 하면서 철도제국을 형성했다. 이런 부자들은 남북전쟁 중에 돈으로 다른 사람을 대신 입대시켜 병역 의무를 면제받았다. 앤드루 카네기는 스코틀랜드계 미국인이었다. 카네기는 19세기 후반 미국 철강 산업의 확장을 주도하며 역사상 가장 부유한 미국인 중의 한 명이 되었다.

1892년 펜실베이니아 주에 있는 홈스테드의 카네기 철강공장에서 대규모 파업이 발생했다. 회사 측이 노동자들의 임금을 삭감하고 노동조합을 붕괴시키려 했기 때문에 발생한 사건이었다. 이 파업은 100일 넘게 지속되며 미국 노동운동사에 기록된 '가장 심각했던 파업' 중의 하나로 기록되었다. 회사는 반발하는 노동자들을 전원 해고하고 '파업파괴자'를 고용했다. 이후 파업노동자와 인근 주민, 이에 대항하는 용역보안요원과 파업파괴자들 간에 격렬한 전투가 벌어졌다. 총격전에서 7명의 노동자와 이에 대항하던 3명의 용역보안 요원이 피살되었다. 뒤늦게 주 민병대가 가세하여 라이플총과 기관총으로 파업노동자를 제압했다. 카네기는 파업 기간 중 고향인 스코틀랜드에 체재하고 있었지만 이 파업으로 명성에 결정적인 손상을 입었다.

이를 계기로 카네기는 인생관을 바꾸게 되고 남은 생애 18년 동안, 전체 재산의 약 90퍼센트를 차지하는 3억 5,000만 달러(2019년 물가로 환산하면 약 650억 달러)를 자선 단체와 대학 등에 기부했다. 뉴욕의 카네기홀, 3,000개가 넘는 공공도서관, 카네기멜론 대학 등이 카네기의 기부로 설립됐다. 카네기의 통 큰 기부에 자극받은 다른 부자들도 이와 같은 기부 행위에 동참했다. 거부들은 밴더빌트대학, 스탠퍼드대학, 록펠러센터 등 대학과 공공건물에 기부하면서 자기 이름을 후세에 남기는 방법으로 사회적 책임을 다했다.

재산 형성 과정에서 불법, 부도덕 행위로 논란을 빚은 부자들이었지만 그들은 과감한 기부로 재산을 사회에 환원하고 공동체에 기여하는 독특한 문화를 만들었다. 기부를 적극 장려하는 조세제도의 도움을 받으며 미국에서 기부 행위는 고유한 사회문화로 정착되었다. 기부로 조성된 자금은 공동체 활동을 뒷받침하는 강력한 재정 지원 수단이 되었다.

카네기는 한때는 강도남작으로 불리며 사회의 지탄을 받았지만 자선 사업가, 기부자, 교육자로 변모해 '역사에 남은 박애주의자'라는 평가를 받았다. 카네기는 다음과 같은 글을 남겼다. "사람은 빵만으로는 살지 않습니다. 몸을 부자로 만드는 것은 마음입니다. 돈을 소유하고 다른 것은 아무것도 없는 이처럼 비참한 계급은 없습니다." 그는 1889년에 이미 '재산의 복음'을 제목으로 하는 글을 써 "부자는 사회를 부유하게 하는 데 재산을 사용해야 한다"라는 부자의 노블레스 오블리주 소신을 밝혔다.

코로나 위기와 맨해튼 프로젝트 결성

2020년 코로나19 바이러스로 전 세계가 고통받는 가운데 미국의 억만장자와 과학자들이 '코로나19 맨해튼 프로젝트'를 결성하고 치료제와 백신 개발에 나섰다. 노벨생리의학상 수상자, 핵물리학자, 질병·면역·신경의학 전문의 등 최고 수준의 과학자 12명과 이들의 활동을 돕는 기업가, 벤처투자가 등이 모였다. 페이팔의 피터 틸, 투자자 마이클 밀켄 등 억만장자 사업가들이 동참했는데, 이들은 어떠한 금전적 보상을 받지 않으며, 정치적 입장과 상관없이 참여한다. 오로지 인류에게 위기가 된 코로나19의 치료와 예방을 위해 모인 이들은 보상을 요구하지 않고 솔선수범하고 있으며 정부와 기업, 자선단체, 시민 등의 참여와 협력을 유도하고 있다.

한 참여자는 "지난 50여 년 동안 의학적 연구에 참여해왔지만, 이번 같은 협력은 본 적이 없다"라고 말했다. 또 다른 교수 역시 "우리가 실패할 수도 있다. 하지만 성공하면 세상을 바꿀 수 있다"라고 말하며 의욕을 앞세웠다. 최고 수준의 학자들이 중요한 목적을 위해 공동으로 참여하고 연구하는 모범 사례로 꼽힌다.•

사회 지도층이 누구인가?

시장경제 체제의 핵심 주체는 누구인가? 독일 질서자유주의학파 선구자인 발터 오이켄은 시장경제 질서를 형성하는 세력으로 국가와 학문, 교회라는 3주체를 지목했다. 그는 통상 국가는 이익

• 〈뉴시스〉의 2020년 4월 28일 기사를 참조했다.

집단의 영향을 받기 쉬우므로 결국 이익집단의 영향력에서 벗어나 사회를 위해 객관적으로 판단할 수 있는 주체는 학문하는 학자라고 판단했다. 인간의 생각을 바꿔야 사회를 바꿀 수 있는데, '인간의 생각을 바꾸는 것'이 바로 학자의 역할이라는 것이다. 오이켄은 객관적 사실의 탐구뿐만 아니라 올바른 가치 판단을 내리는 것도 학자의 임무라고 규정했다.

또 다른 질서자유주의 철학자 빌헬름 뢰프케는 엘리트주의 입장에서 소수 지도층의 역할을 강조했다. 뢰프케에 의하면 시장경제는 독점과 상업주의 같은 불완전성을 갖고 있다. 독점 같은 시장경제의 불완전성을 견제하는 것이 '법과 윤리'이며, 법만으로는 충분히 견제할 수 없으므로 결국 윤리가 중요한 역할을 해야 한다고 주장했다. 시장경제의 윤리는 자연적으로 형성되지 않고 시장경제 밖에서 제공되어야 하며 이러한 윤리를 형성하는 것은 시장 자체가 아니라 가족, 교회, 공동체 및 사유재산이라고 보았다.

뢰프케는 건강한 사회를 유지하기 위해서는 사회 위계질서의 상층부에 존재하는 소수 지도층이 역할을 제대로 해야 하며 지도층은 윤리를 수호하고 국가를 견제해야 한다고 주장했다. 즉 지도층은 사회의 지침이 되는 규범과 가치라는 윤리를 수호해야 한다고 이야기했다. 또한 봉건사회 귀족은 타고난 신분의 세습에 의해 귀족이 되었지만 현대의 엘리트 지도층은 '뛰어난 행적과 도덕적

● 이근식, 《서독의 질서자유주의: 오위켄과 뢰프케》(기파랑, 2007).

귀감으로 모두가 인정하는 자연적 귀족Nobilitas Natulalis'이기 때문에 한 국가의 양심이 되어야 한다고 말했다.

뢰프케는 과거에는 성직자들이 국가에 대한 견제 역할을 담당했지만 현대에는 학자와 판사, 언론인이 담당해야 한다고 보았다. 판사는 사법부의 핵심 구성원으로 국가기관의 일부이지만 성직자, 학자, 언론인들은 순수 민간 영역에서 국가를 견제하고 사회의 규범과 가치를 수호하는 '사회 지도층' 역할을 해야 한다는 것이었다. 이런 의미를 따라 자연적 귀족이 윤리적 귀족으로 불리기도 한다.

미국 사회 지도층이 주도한 공동체 캠페인

로버트 퍼트넘 하버드대 교수는 미국 사회의 변화와 사회적 자본 문제를 부각시켜 국가적 관심사로 만든 인물이다. 퍼트넘 교수는 빌 클린턴, 조지 부시 미국 대통령을 비롯해 많은 국제적 리더에게 정책 자문을 제공한 세계적 석학이다. 1995년에 논문으로 발표되고 이후 2000년에 출간된 그의 저서 《나 홀로 볼링Bowling Alone》은 미국 사회 공동체의 위기를 지적한 획기적인 작품이다.

퍼트넘 교수는 이 책을 통해 미국 사회가 1960년대 이래 시민, 사회의 연계, 공동체의 관점에서 유례없는 쇠퇴에 직면하고 있으며 그로 인해 사회적 갈등 심화와 같은 심각한 문제가 발생하고 있다고 주장했다. 그는 '사회적 자본이란 개인 사이의 연계, 그리고 이로부터 생겨나는 사회적 네트워크, 호혜성과 신뢰의 규범'이라는 정의를 내렸다.• 그는 미국에서 사회적 자본의 감소를 입증하는 대표적인 징표로 '나 홀로 볼링 인구가 크게 늘어난 것'을 이야기했다. 그는 볼링 클럽의 회원 수는 줄어들고 혼자서 볼링을 치는 사람이 급증한 현실을 지적했다. 미국인들이 예전에 비해 서로와 서로 간에, 또 공동체 일에 관심이 줄고 점점 연계 관계가 약화되었다는 지적이었다.

퍼트넘 교수는 먼저 미국의 정치·경제 발전과 관련지어 사회적 자본이 어떻게 변화해갔는지 분석했다. 19세기 후반부터 시작된 미국의 산업화와 번영의 시대는 흔히 '금박시대Gilded Age'와 '진보의 시대Progressive Era'로 구분된다. 금박시대는 연구자마다 달리 규정하기도 하지만 대략 1870년대부터 1900년까지를 말한다. 철도 건설과 급속한 산업화로 엄청난 번영의 성과를 누리며 동시에 빈부격차 확대, 정치 부패, 상층 계급의 무절제한 사치 생활 등이 부각되는 시기였다. 피츠제럴드의 소설 《위대한 개츠비》는 금박시대에 미국 최상류층이 누린 엄청난 부와 무절제한 생활을 풍자한 1925년 작품이다.

진보의 시대는 대략 19세기말부터 20세기 초반(1920년대)까지를 지칭하는데, 금박시대에 대한 반작용으로 진보적 가치가 중시

● 로버트 퍼트넘, 정승현 옮김, 《나 홀로 볼링》(페이퍼로드, 2016).

된 시대였다. 퍼트넘 교수는 진보의 시대에 사회 연대를 강조하는 시민결사체가 미국에서 폭발적으로 결성되었다는 사실에 주목했다. 노동자들의 권익 향상을 위한 노조단체를 제외하더라도 순수 시민단체로 미국 적십자(1881), 볼링 협회(1894), 전국어머니회PTA(1897), 로터리클럽(1905), 보이스카우트(1910), 라이온스클럽(1917) 등이 이 시기에 결성되었다. 진보의 시대에 사회개혁가들은 공동체가 붕괴되고 있다는 위기감을 느끼고 사회적 유대를 복원하기 위해 다양한 노력을 시작했다. 그 대표적 활동이 '시민결사체 결성'이었다. 당시 지식인들은 사회적 악은 저절로 치유되지 않으며 '시간이 지나면 해결될 것'이라는 생각은 무책임하다고 믿었다.

이들은 자발적 결사체를 통해 사회적 유대를 복원하고 시민의 참여와 사회적 실천을 이끌어내기 위해 노력했다. 시민결사체들은 '오늘의 수혜자가 내일의 기부자'라는 호혜성의 원칙에 따라 상부상조하는 사회적 연대에 중점을 두었다. 또한 자립, 절약, 자기통제, 지도력, 형제애 등 회원들의 도덕적 품성 향상을 특히 강조했다. 퍼트넘 교수는 진보의 시대가 다양한 단체 결성과 왕성한 활동을 통해 시민들의 창조성이 미국 역사에서 최고로 발휘된 '개혁의 시대'였다고 평가했다. 그는 사회적 자본의 문제를 제기하며 미국 시민의 공동체 참여 운동을 호소하는 데 그치지 않고 스스로 전국적인 캠페인을 조직해 왕성하게 활동하고 있다.

퍼트넘 교수는 20세기 전반까지 증가하던 사회적 자본이 오히려 감소하면서 사회 갈등이 증가하고 사회 발전이 저해되고 있다는 사실을 지적하며 공동체 부활, 네트워크 강화에 각별히 노력하자고 제안했다. 이는 20세기 초에 사회적 유대 활동이 활발했을 때 선조들이 했던 역할을 복구해보자는 호소였다. 이러한 호소에 많은 미국 지식인들이 호응하고 나섰다.

그는 《나 홀로 볼링》에서 사회적 자본을 제고하기 위해 사회 지도자들이 집중적으로 관여해 개혁해야 할 영역 몇 개를 제시했다. 청소년과 학교, 사업장, 도시 설계, 종교, 매스 미디어와 인터넷, 예술과 문화, 정치와 정부 등의 영역이 제시됐다. 이 책을 2000년에 출판하면서 10년 후에 달성할 목표를 구체적으로 제시한 것은 독자들에게 현실감을 주면서 실천적인 목표라는 인상을 줘서 참신했다. 예를 들어 청소년과 학교 영역의 실천 목표는 다음과 같다. "2010년에는 우리 사회 모든 분야에서 성인이 된 미국인들의 시민 참여 수준을 할아버지 세대의 수준에 필적하도록 끌어올리고, 동시에 연계형 사회적 자본은 할아버지 시대보다 실질적으로 더 확대할 수 있는 방법들을 찾아보자."

1995년 퍼트넘 교수는 하버드대 케네디스쿨에 일명 '사와로 세미나Saguaro Seminar'를 구성해 미국 시민 참여 회복 운동을 전개하고 있다. 이 세미나는 학계, 시민사회 지도자, 예술계, 경영계 및 정치 지도자 등 33명이 참가하는 장기 연구 프로젝트이다(버락 오바마 미국 전 대통령도 참여했다). 3일간 집중 진행되는 세미나를 수차례 개최하며 시민의 신뢰와 공동체 참여, 사회적 유대 강화로 미국의 시민 참여를 회복하는 연구를 진행하면서 그 성과를 전국적 캠페인으로 확산하고 있다. 사회 지도층이 담당해야 할 역할과 행동의 모범을 보이고 있는 것이다.

사와로 세미나의 성과를 널리 알리며 더욱 적극적으로 미국 시민의 참여를 촉진하기 위해 '함께 더 나은 사회 만들기' 웹 사이트 BetterTogether를 운영하고 있다. 이 웹사이트에는 일반 시민이 사회적 자본을 제고하기 위해 쉽게 동참할 수 있는 150가지의 크고 작은 활동 등이 소개되어 있다. 모두 시민이 제안한 것들이다. '새로운 이웃을 환영하기 위해 공동체에서 사회적 모임을 주선하라', '투표, 헌혈에 참여하라' 같은 아이디어가 있다. 이 같은 아이디어는 거창한 일이 아니더라도 이런 활동을 통해 공동체에 참여하도록 촉구하고 구성원들 간 유대를 강화하자는 행동 지침이다.

'위기의 대한민국'
다시 일으켜 세우자

'바로 선 민주주의' 위해 지금, 무엇을 해야 할까

우리 대한민국은 온 국민이 합심하여 경제 성장을 이뤄냈고 정치 민주화를 달성했다. 그런데 이제는 경제 성장이 정체되며 사회 양극화가 심각한 가운데 사회 갈등과 분열이 심화되고 있다. 정치인과 지식인을 비롯한 사회가 진보와 보수로 분열되고 갈등을 겪고 있는데 기존의 정치인이나 관료, 언론, 지식인들이 문제를 인식하고 공감하며 해결을 위해 적극적으로 노력하지 않는다는 데에 국민들이 좌절하고 있다.

이제까지 필자는 우리가 느끼는 한국의 정치·경제·사회의 위기감은 법 제도 보다는 국민의 가치관, 의식, 신뢰 등 이른바 사회적 자본, 사회 문화 등의 측면에서 비롯되어 심화되고 있다고 지적했다. 이제 급속한 성장 과정에서 대폭 확대되어 온 법 제도와 민주주의를 구현하면서 그 시스템이 제대로 작동하도록 노력하며 상대적으로 소홀히 했던 사회문화를 보완하여 대한민국의 품격을 올려야 할 단계가 되었다. 시장에서 민간 부문의 역량이 대폭 향상된 지금 정부는 법치를 구현하며 법과 질서 유지의 핵심적인 기능에 집중하고 민간 주체들이 최대한 역량을 발휘하도록 가급적 민간에 위임해야 할 때라고 생각한다.

준법 문화와 법치는 선진 사회를 이루는 핵심 요소이다. 법치가 실행되지 않으면 재산권과 투자이익 보호, 계약의 확실한 이행이 담보되지 않아 마음 놓고 경제 활동을 할 수 없게 된다. 경제 활동의 규칙이기도 한 법 제도가 제대로 작동하지 않으면 개인의 자유와 권리가 제대로 보장되지 않고 경제 성장과 민주주의의 수호도 어려워진다. 국가 내에서 활동하는 모든 사람이 국가가 정한 법령과 규범을 지켜나가야 국가도 번영을 이룰 수 있다. 우리 사회는 너무도 분열되어 있고 서로 적대시하며 갈등이 심하다. 이러한 분열과 갈등이 쉽게 해결되지는 않을 것이며 사회 지도층이 용기 있게 나서서 주도적 역할을 해야 한다.

소크라테스는 훌륭한 국가의 덕목으로 지혜, 용기, 절제와 정의라는 4가지 덕을 제안했다. 국가를 주도하는 사람이 통치자, 지도자이므로 이는 지도층의 덕목이라고 보아도 된다. 곧 지도층은 지혜와 용기, 절제와 정의라는 덕목을 갖춰야 한다는 의미이다. 바로 지금 우리의 지도층에게 요구되는 덕목이다.

사람들의 생각이 너무 다르고 분열되어 있으므로 지도층이 지혜를 발휘하여 서로 다른 의견과 생각을 수용하고 이해하는 관용을 가져야 한다. 주어진 권한이라도 그 행사에 절제를 발휘하면서 각자의 소임과 본분을 다해 사회정의를 구현하는 것이 지금의 지도층에게 요구되는 역할이다. 지식인들이 다른 사람의 의견도 포용하고 관용하면서 용기 있게 자신의 의견을 제시해야 한다. 이런 방향으로 정치인들을 설득하고 움직이게 하는 것도 지식인들의 역할이다.

지식인들이 사회 규범과 가치라는 윤리를 수호하고 지도층의 각성을 촉구해야 할 것이다. 사회에서 지식인들이 이런 역할을 제대로 하지 못하면 정부에 권력이 과도하게 집중되어 전체주의적 통치로 전락하거나 국민의 자유와 권리가 심각하게 침해될 수 있다. 우리가 오래 동안 많은 희생을 하면서 이룩한 법치와 민주주의가 후퇴하거나 경제 성장이 정체되지 않도록 지켜내야 한다.

사회가 국가를 견제해야 한다

정부·국가와 민간·시장의 역할 분담이 어떠해야 하는가에 대해서 최근에 좋은 연구결과가 발표되었다.《국가는 왜 실패하는가》라는 저서로 세계적 명성을 얻은 대런 애쓰모글루와 제임스 로빈슨 교수는 2020년에 발간한《좁은 회랑The Narrow Corridor》에서 국가가 지속적으로 발전하려면 사회가 국가에 일정한 족쇄를 채워 견제해야 한다는 점을 강조했다. 국가라는 리바이어던은 족쇄를 채워 견제하지 않으면 전체주의적 독재정치로 전락할 우려가 있으므로 민주 국가에서도 개인의 자유와 권리를 구현하고 경제가 번영하기 위해서는 국가 권력을 감시하고 견제하는 사회의 능력이 함께 강화되어야 한다는 논리를 제시했다.

복잡 다기화되는 현대 경제와 사회에서는 국가의 기능이 확대되고 사회안전망이 강화되는 것이 불가피하다는 것을 인정할 수밖에 없는데, 그 국가의 기능 확대는 이를 견제하는 사회의 역할이 강화되도록 반드시 함께 추진되어야 한다는 주장이다. 사회가 국가를 견제하는 역할은 사회 집단 간의 사회적 합의나 사회 공동체 확대 등의 방법으로 사회 결집력을 강화해야 가능하다고 설명한다.

이들이 국가로 묘사한 '리바이어던Leviathan'은 구약성경에 나오는 거대한 바다괴물로서 폭력적 국가 권력을 의미한다. 만인의 만인에 대한 투쟁, 즉 무정부 상태의 공포에서 벗어나기 위해서 국가를 설립했지만 강력한 국가 권력이 통제되지 않으면 리바이어던과 같은 폭력과 공포를 가져온다는 것이다. 국가 권력은 적절한 통제가 수반되지 않으면 개인의 자유와 권리를 보장하지 않는다는 것을 명심해야 한다.

앞서 '사회적 자본'이라는 개념을 언급하였고, 사회적 자본의 핵심 구성 요소는 신뢰, 규범, 사회적 네트워크라고 정리했다. 사회적 자본이 많이 축적된 사회일수록 물적 자본(기계, 장비 등)이나 인적 자본(노동력)이 많이 축적된 사회와 마찬가지로 생산성이 커지기 때문에 사회과학에서 이를 중요시한다. 다시 말해 신뢰에 기반한 사회적 자본은 생산에도 직접 영향을 미친다. 사회적 자본을 더 명확하게 이해하는 데는 사회적 자본 지수를 측정하는데 사용되는 지표의 구성항목을 살펴보는 것이 도움이 된다. 정갑영·김동훈의 연구(2019)에서는 사회적 자본을 신뢰, 규범, 네트워크라는 3개 분야로 구분하여 지수를 산출했다.[•]

이 연구에서는 신뢰를 사적 신뢰와 공적 신뢰로 구분하고, 사적 신뢰에서는 '대부분의 사람을 신뢰할 수 있는가'라는 설문, '남이 자신을 이용하지 않고 공정하게 대한다고 보느냐'라는 설문으로 평가했다. 공적 신뢰는 국회, 경찰, 사법 제도, 군대, 행정 사무, 정당 등 공공 기관과 종교, 언론, 노조, 방송, 기업 등 사회단체의 신뢰도 등으로 측정했다. 이 계측의 결과 한국의 사회적 자본은 표본에 포함된 23개 OECD 국가 중 17위로서 낮은 수준으로 평가되었다.

한편 사회 규범은 사회 구성원으로 하여금 책임감 있게 행동하여 상호 협력을 증진하는 역할을 한다. 구성원 간에 호혜의 규범이 작동하는 사회는 자신이 신뢰에 맞는 행동을 하면 타인도 신뢰에 따라 행동할 것이라 믿는 사회이다. 이 조사에서는 부정, 불법

● 정갑영 외, 〈사회적 자본 지수의 계측〉, 한국경제포럼 제12권 제1호, 2019.

행위를 정당화하지 않는 시민의 규범의식, 공무원과 정치인의 부패에 대한 인식정도로 시민의 태도를 측정했다. 또한 법과 질서가 지켜지는 정도, 계약 집행 수준, 경찰과 법원의 질적 수준 등 법제도가 소유권을 보호하는 정도와 계약의 법적 구속력 등으로 나누어 규범 수준을 평가했다.

사회적 자본에서 네트워크는 신뢰와 호혜의 규범을 촉진하는 자발적 단체의 가입과 활동 등으로 측정되었다. 시민들은 자발적 단체, 즉 공동체 활동을 통해 서로 신뢰하고 규범을 지키며 호혜 협력하는 문화를 조성하게 된다. 이 부문에서는 자발적인 단체에의 가입과 활동 수준이 중요한 지표가 된다. 종교·교육·문화·스포츠 단체에 가입한 비중과 노조·정당·협회 등 이익단체에 가입한 비중을 측정했다. 단체 활동의 수준은 친구나 동료를 통한 정보 획득 비중, 인터넷을 통한 정보 수집 비중 등을 조사했다.

정갑영·김동훈의 연구는 사회적 자본이 1인당 소득, 소득불평등, 교육 발전 등 사회 경제적 변수들과 상호관계가 높은 것으로 판단했다. 이 연구에서는 한국 사회가 저성장과 양극화로 인한 사회 통합의 위기를 맞고 있기 때문에 사회적 자본을 확충하여 지속적인 발전 모델을 모색해야 한다고 권고한다.

필자의 논의에서도 한국 사회의 진정한 위기는 경제력 향상에 맞춰 사회문화가 선진화되지 못함으로써 경제와 문화의 괴리가 커지고 있고 뒤처진 문화가 이제는 경제 성장과 민주주의 정착, 국가 발전을 저해하면서 많은 문제가 한꺼번에 노출되는 상황이라고 지적했다. 따라서 글로벌 경제 수준에 걸맞게 사회문화 수준을 대폭 상향시키는 것이 중요한 과제라고 판단하고 대한민국이 새로 만들어갈 사회문화를 품격 있는 문화, 즉 '고품격 선진문화', 또 그러한 사회를 '고품격 선진사회'라고 제안했다.

고품격 선진문화는 결코 저절로 만들어지는 것이 아니다. 선진국의 역사에서 보듯이 필요한 시기에 지식인 등 사회 지도층이 사명감을 갖고 저술·강의·국민교육 등을 통해 바람직한 방향을 설정하고 오랜 기간에 걸쳐 꾸준히 확산시키려 노력했다는 것을 기억하자. 우리나라에서도 이제 사회 지도층이 용기 있게 나서서 고품격 선진문화를 조성하기 위한 공감대를 형성하고 각 분야에서 자신의 역할을 해내기를 기대한다.

보수 대 진보 대결 구도

우리 사회의 가장 큰 갈등을 유발하는 집단은 보수진영과 진보 진영이다. 그런데 이 두 진영은 이론적으로 타협이 불가능한 것일까?

영국의 보수주의자 벤저민 디즈레일리는 1845년 《시빌: 두 개의 국민들》이라는 소설을 발표하여 빈부격차로 갈라진 영국을 '두 개의 국민'으로 표현하며 양극화 문제를 핵심 이슈로 제기했다. 19세기 중반 영국이 서로 아무런 소통이나 동정심이 없고 상대의 삶에 무지한 두 국민으로 분열되어 있다고 규정했다. 아울러 분열의 원인은 지배계급이 마땅히 져야 할 책무를 거부했거나 그것을 수행하는데 실패했기 때문이라고 진단하며 지배계급이 사회적 약자를 배려해야 한다고 주장했다.

그는 보수주의자이지만 부와 사회적 특권은 그에 상응하는 책임이 따라야 한다는 신념을 제안한 것이다. '두 개의 국민'을 '하나의 국민'으로 단합시키기 위해서는 사회적 약자에 대한 배려가 필요하다는 신념으로 영국의 보수당을 변혁시키는데 성공하고 나중에 스스로 보수당 총리가 되었다. 벤자민 디즈레일리 외에도 보수당은 체프 체임벌린, 해럴드 맥밀란 등 혁신적 정치가들이 보수주의 철학을 유지하면서도 '하나의 국민'을 내세우며 보수당을 발전시켰다. 이들은 늙고 가난하고 병에 시달리는 사람들의 문제에 관심을 갖지 않으면 보수당은 결코 선거에서 이길 수 없다는 것을 절감하여 정책에 반영했다.

개인의 자유에 중점을 둔 고전적 자유주의는 존 로크, 아담 스미스 등에 의하여 정립되어 영국의 산업화와 경제 성장에 기여했다. 그런데 경제가 성장하면서 19세기 들어 빈부격차의 심화, 열악한 노동 조건 등 사회 문제가 확산되자 이에 대한 반성에서 일부 자유주의자들은 자유주의 이론에 대한 전면적인 검토와 수정을 모색했다. 이들은 자유의 본질, 국가의 역할에 대해 재검토하며

박지향, 《정당의 생명력: 영국 보수당》(서울대학교출판문화원, 2017).

자유주의 원리에서 사회 문제를 풀어가는 이론을 수용하고 해결 방안을 모색했다. 이들은 개인의 자유로운 권리는 단순히 물리적으로 간섭받지 않거나 공평한 법을 제정하여 집행한다고 해서 저절로 보장되는 것이 아니며, 각 개인이 동등한 기회를 갖게 하기 위해서는 국가에서 교육, 보건 등 기본적인 욕구를 지원하는 등 적극적인 조치가 필요하다는 이론을 정립했다.

앞서 소개한 '진보적·사회적 자유주의New/Social Liberalism'이론은 존 스튜어트 밀에서 비롯되어 토머스 힐 그린, 레너드 홉하우스 등을 통해 진전되었으며 이들은 개인의 진정한 자유는 적절한 사회적·경제적 환경 하에서만 성취될 수 있다고 주장했다.

이렇게 빈부격차와 노동자의 열악한 노동 조건 문제가 부각되자 자유주의자뿐만 아니라 보수주의자도 그들이 오래 추구해온 이론을 수정하며 사회 열위 계층을 포용하는 정책을 제안하여 사회 통합을 모색했다. 선진적인 지식인과 정치인의 역할을 보여준 사례다.

이런 맥락에서 보면 진보적 자유주의와 수정된 보수주의는 지향점에서 큰 차이가 없다. 중요한 점은 철학자나 정치인들이 자신의 이론에만 구애받지 않고 사회 환경 변화에 대응하여 필요하다면 이론을 수정해서라도 사회 문제 해결을 모색했다는 것이다.

● 이근식, 앞의 책. 19세기의 New Liberalism은 1970년대 후반에 등장한 신자유주의Neo Liberalism와 구분하기 위해 '진보적 자유주의'로 번역하는 것이 일반적이다.

그런데 우리의 지식인, 정치인들에게서는 이러한 포용과 관용의 자세가 보이지 않는다. 우리 사회에서는 보수와 진보 성향의 지식인, 정치인 간 견해 차이가 너무 커서 서로 상대방을 적대시하며 진지한 토론을 하거나 이해하려 하지 않는다. 진보와 보수라고 표방하지만 진정한 진보, 보수에 대한 철학과 이론의 차이라고 하기보다는 진보 성향과 보수 성향의 정치 진영 간 싸움으로 보는 게 맞을 것이다.

'후츠파 정신'이 필요하다

우리 사회의 가장 대립적이면서도 핵심적인 갈등이 노사관계에 있다. 우리의 노사관계는 '적대적·전투적 노사문화'라고 표현될 정도로 문제가 심각하다. 국제적으로도 노사협력 부문에서 한국의 경쟁력은 2020년 세계 132개 조사대상 국가 중에서 119위로 평가될 만큼 세계 최하위권에 있다.[•]

1987년 민주화에서 비롯된 노사관계의 갈등은 30년이 지난 지금도 지속되며 우리의 국제경쟁력을 떨어뜨리고 세계적인 노사관계 불안정 국가로 인식되어 있다. 이에 대한 우리 사회의 반성에서 '노사문화를 혁신해 글로벌 트렌드에 맞는 한국적, 혁신적인

● 〈한국 적대적 노사관계, 국가경쟁력 훼손〉, 매일경제신문, 2020. 1. 23.

K노사문화를 조성해나가자'는 논의가 진행되고 있다. 이원덕 전 한국노동연구원장은 토론회에서 "'신뢰와 상생의 노사문화', 이른바 'K노사문화'를 확산시키기 위해서는 노사단체의 자발적 참여와 학계, 정부, 언론계, 해외 전문가 및 지도자들의 이해와 협력이 필요하다"고 강조했다.*

지식인이 진정한 사회 지도층이 되려면 자신에게 주어진 소임을 제대로 수행해야 한다. 특히 학자들의 각성이 필요하다. 조 국 사태를 겪으며 일부 학자들의 신뢰 위반 행태가 드러나 국민들에게 깊은 좌절감, 배신감을 줬다. 모든 학자들이 다 그렇지는 않다는 것을 보여주기 위해서도 학자들이 제 목소리를 내고 역할을 해야 할 단계에 왔다.

교수, 학자는 우리 사회 지식인을 대표하는 그룹이다. 조국 사태를 통해 교수 사회가 갖고 있는 문제가 상당히 노출되었다. 일부 교수들이 기득권에 안주하여 규범을 무시하고 사회가 그 지위에 기대하는 직분을 다하지 않아 신뢰를 저버리는 행동을 하는 사례가 많았다. 국민들은 기대와 신뢰를 잃었다. 교수 사회에서도 교수에게 주어진 특권을 향유하면서 그에 부여된 책무와 교수의 직분을 다하지 않았다는 반성이 있었다.

그간 교수와 학자들은 자신과 다른 이론이나 견해를 잘 받아들이지 않는 경향이 있었다. 여전히 학계에서는 학술적인 토론에도

● 〈K팝처럼 세계에 내놓을 혁신적인 K노사문화 만들어야〉, 한국경제신문, 2019. 12. 12.

유교적 위계질서가 개입해 제대로 된 토론이 어려운 경향이 있으며 권위에 대한 도전이 쉽지 않다는 정서가 있다. 후배가 선배 교수의 이론에 이의를 제기하거나 제자가 스승을 비판하고 다른 의견을 내는 것을 용납하지 않는 풍토이다. 이론적으로 틀렸다고 느껴도 후배 학자들이 선배, 특히 명성 있는 학자의 이론이나 잘못된 행태를 지적하는 것은 매우 어려운 현실이다. 이런 행동은 학계에서 일종의 자살행위나 마찬가지로 간주된다. 아무리 뛰어난 학자라도 이론이 완전할 수 없고 적절한 비판을 수용하면 더 발전할 수 있을 텐데도 학문적인 비판을 개인적인 비난이라 생각하여 허용하지 않는다. 개방적, 포용적이어야 할 학계에서 토론과 비판에 익숙하지 않고 닫혀있는 폐쇄적 문화가 남아 있다.

유대인 사회에는 기존 이론이나 유명한 학자의 견해에 이의를 제기하는 것이 당연시되고 관용되는 문화, '후츠파 정신'이 있다. 유대인들은 후츠파 정신이 창의력을 높이고 문제해결능력을 키워 준다고 믿는다. 반면 우리는 온정에 약해 권위에 대한 도전을 꺼린다. 학계의 발전을 위해서도 이제는 온정주의에서 벗어나야 한다. 학문의 세계는 온정주의나 폐쇄적인 사고가 맞지 않는 사회이다. 개방적이고 다원적인 문화에서 창의적이고 포용적인 사회가 형성된다는 경험을 잊지 말아야 한다. 규범을 지키고 신뢰하는 토대를 기반으로 다양한 의견 제시와 자유로운 비판이 수용되는 문화를 만들어야할 때다. 서로 다름을 인정하는 관용이 있어야 진정한 신뢰가 형성된다. 남을 인정하지 않고 관용이 없는데 신뢰가 만들어지기는 어려울 것이다. 정치계에만 미룰 일이 아니다. 학계에서 앞장서야 할 일이다.

앞서 선진국의 지식인과 지도층의 사례를 상세하게 검토한 이유는 그들의 성공 사례를 통해 대한민국이 나아가야 할 방향을 찾는 데 참조하기 위해서였다. 선진국의 사례가 보여 주는 바와 같이 사회 갈등이 심하고 분열되거나 정부 정책이 잘못되고 국가가 위기에 직면할 때, 지식인과 사회 지도층은 마땅히 사회의 핵심 규범과 가치를 수호하며 권력을 견제해야 한다. 작은 이익을 좇아 양심과 윤리, 전문가로서의 식견에 위배되는 행동, 곡학아세曲學阿世하는 것은 지식인에게 부여된 '국민의 신뢰'를 저버리는 것이다.

앞서 논의했듯이 한국인은 개방적이고 진취적이며 역동적인 품성을 가진 민족이다. 일시적으로 폐쇄적이고 획일화되었던 문화도 어떤 계기가 주어지면 본래의 개방적이고 다원화된 문화로 돌아가리라 믿는다. 이런 문제를 제기하면서 우리 민족의 강점을 되찾는 계기를 만드는 것이 필요하다. 지금이 바로 사회 지도층이 나서야 할 때이다.

앞서 살펴본 바와 같이 영국, 독일, 프랑스 지식인들은 어떤 시기에 문제를 자각하면 곧바로 자기희생을 무릅쓰고 그 시대에 필요한 역할을 했다. 최근 우리 사회를 보면 과거에 존재하던 존경받는 지도층 그룹이 실종된 것을 알 수 있다. 오늘날 대한민국의 사회 지도층은 분열과 갈등, 진영을 가르고 상대방을 적대시하는 문화의 영향으로 몸을 사리고 용기를 내지 않고 있다. 오히려 일부 지도층 인사들은 스스로 진영 싸움에 과도하게 휘말리거나 아무에게도 욕먹지 않고 무관심, 무소신을 택하는 사례도 많다.

이제는 용기 있게 행동에 나서야 할 때다. 이런 상황에서 지식과 경험을 갖춘 인사들이 사회 지도층으로 용기 있게 나서서 문제를 제기하지 않으면 누가 하겠는가? 어려운 상황에서는 사회 지도층이 지속적으로 문제를 지적하고 국민을 설득해 바람직한 고품격 선진문화를 선도하는 것이 중요하다. 이것이 선진국 역사의 경험이다. 올바른 관행은 저절로 생겨나지 않는다. 용기 있게 행동하는 지도층을 사회에서 보호해주는 일도 중요하다.

빌헬름 뢰프케는 윤리 규범을 수호할 소수의 엘리트로서 최고의 업적과 윤리적 모범을 보여 누구나 그 권위를 인정할 수 있는 사람을 '윤리적 귀족'이라고 말했다. 그는 알버트 슈바이처나 프리조프 난센 등을 거론했다. 두 인물은 국제적으로 의료봉사, 난민보호 활동을 펼치면서 노벨 평화상을 수상했다. 물론 대한민국 사회의 고품격 사회문화를 선도할 윤리적 귀족의 기준을 이렇게 높게 설정할 필요는 없다. 사실 우리 사회에는 이미 고품격 사회문화를 주도할 사회 지도층 엘리트 자원이 대단히 넓게 분포되어 있다. 지식인, 교수, 학자, 종교인, 언론인, 의사, 변호사, 예술가 등 사회에 널리 분포되어 있는 전문직이 주도적인 역할을 할 수 있을 것이다. 이 그룹을 우리의 '사회 지도층'으로 새롭게 규정하자.

시대적 과제를 자각하자

사회 지도층이 가장 손쉽게 참여하고 기여하는 방법은 저술과 강연이다. 경험과 이론을 토대로 우리 사회 문화의 품격을 제고하는 방안을 제시할 필요가 있다. 민주주의의 가치, 신뢰와 법치의 문화를 정착시키는 구체적인 실천방안을 개발하는 등 기여할 분야는 매우 많다.

대우 그룹 김우중 회장의 저서 《세계는 넓고 할 일은 많다》는 경제성장기에 청년들에게 세계 무대를 지향하는 원대한 꿈과 열정을 심어준 책이다. 1989년에 출간된 이 책은 폭발적인 인기를 얻으며 6개월도 안 되어 100만 부가 넘게 팔렸으며 최단기간 밀리언셀러로 기네스북에 등재되었다. 이 책을 구매한 이들은 청소년이 아니라 부모들이었다. 부모들은 자녀들에게 꿈과 용기를 심어주기 위해 책을 사서 읽었다. 어려운 시대일수록 청소년에게는 원대한 꿈을 갖도록 북돋아주고 용기를 심어주는 동기부여와 격려가 필요하다.

당시 이 책의 출간을 기획한 서재경 '아름다운서당' 이사장은 한국의 경제 성장을 주도해왔던 기업인들이 1987년의 민주화 대투쟁 과정에서 악덕 기업가, 죄인으로 매도되는 현실을 보면서 기업인들이 열심히 일해 왔다는 사실을 국민에게 인식시킬 필요가 있다고 판단했다. 1980년대까지 대우그룹 김우중 회장은 '한강의 기적'을 만든 산업화 세대의 중심 인물이자 성공 신화의 아이콘이었다. 그래서 서재경 이사장은 김우중 회장의 기업가정신과 진취적 기상을 메시지로 전하는 책을 기획했다고 한다.

시대의 흐름을 파악해 시대가 필요로 하는 책을 출간하고 다양한 방법으로 사회교육을 추진해 사람들을 일깨우는 것이 사회 지도층의 또 다른 역할이다. 지금은 신뢰와 법치를 바로 세워 대한민국 사회문화의 품격을 높이는 일이 시대적 과제로 떠올랐다.

공개하고 투명하면 특권은 생겨나지 않는다

사회 지도층이 국민에게 신뢰를 받으려면 무엇보다도 특권의식을 버리는 게 우선이다. 사회 공동체나 특정 조직을 운영하는 사람들의 언행은 투명하게 공개되어야 한다. 그렇지 않으면 의혹이 생기고 의혹이 있으면 신뢰는 사라지게 된다. 특권은 불투명한 폐쇄적인 여건에서 만들어지기 쉽다. '공개와 투명의 원칙'을 실천해 특권을 멀리해야 한다.

스웨덴은 특권을 배제하기 위해서는 공개와 투명이 핵심 원칙이라는 것을 일찍 깨달았고, 1809년 정치와 행정의 투명 원칙을 헌법에 명시했다. 정치인의 모든 행적을 공개하고 투명하게 처리하는데도 특권을 계속 유지하기는 어렵다. 대한민국에도 정치와

● 서재경, 《제목이 있는 젊음에게》(김영사, 2016).

행정의 투명도를 획기적으로 올리는 일이 시급하다. 신뢰 문화, 규범과 법을 지키는 문화를 조성하기 위해서도 정치와 행정은 투명해야 한다. 국민은 이 원칙은 헌법에라도 명시해 실천하라고 지속적으로 요구해야 한다. '특권 없애기'는 쉽지 않은 과제이므로 국민이 지속적으로 투명한 정치를 요구하고 정치인의 활동을 일상 감시해야 한다.

우리 사회에서 국회의원은 공식적인 특권층의 대명사이다. 국회의원은 그 직무의 독립적 수행을 보장하기 위하여 불체포특권不逮捕特權(헌법 제44조)과 면책특권免責特權(제45조)을 헌법에서 보장하고 있다. 또 수당·여비와 국유 교통기관 이용에서 편의(특권)를 보장받고 있다(국회법 제30조, 제31조). 국회의원들이 누리는 많은 특권은 그동안 사회의 비난 대상이 되었다. 2016년 국회의장 직속으로 '국회의원 특권 내려놓기 추진위원회'라는 기구가 설치된 적이 있었다. 이 추진위에 경실련과 참여연대도 특권 개선안을 제안했다. 추진위는 그 동안 논의한 개혁안을 확정해 국회의장에게 보고하고 입법화에 나설 예정이었다. 그러나 이 논의는 국회의원들의 비협조 속에 더 이상 진전되지 않았고 국회나 언론, 국민의 관심에서도 멀어져 있다.

헌법 제11조는 '모든 국민은 법 앞에 평등하다'라는 대 원칙을 천명하고 있다. 누구든지 성별·종교 또는 사회적 신분에 의하여 정치적·경제적·사회적·문화적 생활의 모든 영역에 있어서 차별을 받지 아니하고 또한 사회적 특수계급의 제도는 인정되지 아니하며, 어떠한 형태로도 이를 창설할 수 없다고 규정하고 있다. 여기에서 다시 생각해 볼 것은 국회의원이 다른 공직자와는 비교할 수 없는 많은 특권을 향유하는 일은 헌법 정신에 위배된다는 사실이다. 헌법에서 국회의원에게 인정한 이른바 특권은 '회기중 불체포특권'과 '국회에서의 발언에 대한 면책특권' 단 두 가지이다. 이 두 가지도 헌법에서는 '특권'이라는 용어를 사용하지 않고 그러한 혜택을 받는 요건을 헌법에 세부적으로 규정하고 있다. 즉 헌법의 구체적인 규정에 근거한 특별한 경우에만 그런 혜택이 주어지는 것이다.

따라서 헌법에 명시적으로 규정하지 않은 또 다른 특권(편의)을 법령에서 부여하는 것은 위헌의 소지가 있다. 또한 국회의원에 대한 청렴의무(헌법 46조), 즉 국회의원은 그 지위를 남용하여 재산상의 권리·이익을 취할 수 없다는 헌법 규정에 비추어 보아도 재산상의 이익을 취하는 것은 문제가 있다. 충분히 위헌의 소지가 있어 이에 대한 논의가 필요하다.

여기에서 국회의원의 경우만 논의한 이유는 국회의원이 제도적인 특권을 향유하는 대표 그룹이기 때문이다. 스웨덴, 영국 등 유럽의 사례를 보면 정치인의 특권을 없애는 것이 국민의 신뢰를 얻는 가장 중요한 과제라는 교훈을 얻을 수 있다.

관점을 바꿔 민주주의와 시장경제 체제를 수호하기 위해서도 정보 공개가 가장 중요하다고 강조하는 경제학자가 있다. 미국의 시카고대학 루이지 징갈레스 교수는 이런 의미에서 정보공개의 중요성을 특히 강조했다. 독재정부는 국민들이 그 체제의 결함을 알아차리지 못하도록 정보를 엄격히 통제하고 빈번하게 조작했다. 과거에는 정보를 수집하고 분석하는데 많은 비용이 소요되었으나 디지털 세계에서 정보는 자동적으로 수집되고 용이하게 저장되며 분석될 수 있다. 인터넷의 발전 덕분에 정보에의 접근성이 폭발적으로 높아졌는데 바로 이러한 정보 공개는 정치인, 정부, 대기업 등의 부패와 부도덕한 행위, 과오와 비효율성을 만천하에 드러낸다. 이 때문에 징갈레스 교수는 정보 공개를 의무화하는 것이 사회적, 산업적 병폐를 치유하는데 가장 강력한 수단이라는 입장을 천명했다.

지도자의 낮은 자세가 신뢰를 가져온다

프란치스코 교황은 무릎을 꿇고 엎드려 아프리카 흑인 지도자들의 발등에 입맞추는 파격적인 행동을 했고 그 사진이 2019년 4월 11일, 세계 언론에 보도되었다. 교황은 남 수단의 평화를 호소하기 위해 본인 스스로 자세를 낮춰 아프리카 흑인 지도자들에게 가장 낮고 겸손한 모습을 보여준 것이다. 남 수단은 몇 년째 계속되는 종족 간 갈등으로 극심한 내전을 겪으며 많은 국민이 기아상태로 내몰리고 있다. 교황은 남 수단 정치지도자를 초빙하여 내전종식과 평화를 위해서는 이들이 서로 손을 맞잡아야 한다는 것을 마음을 다해 호소하기 위해 가장 낮고 겸손한 자세를 취했다. 갈등을 극복하기 위하여 지도자가 취해야 할 자세를 몸으로 보여준 사례다. 지도자가 겸손하게 낮은 자세로 솔선수범해야 신뢰가 쌓인다.

프랑스의 에마뉘엘 마크롱 대통령은 2017년 취임 이래 강력한 리더십으로 유럽의 병자 취급받던 프랑스를 혁신으로 이끌고 있다. 노동 개혁, 철도 개혁, 연금 개혁 등 혁신적인 조치를 하나하나 앞장서서 해결해 가고 있다. 노란 조끼를 입은 시민들이 격렬한 시위를 벌이며 반대하는 연금 개혁도 밀어붙였다. 그의 리더십 핵심은 누구나 직접 만나 대화하고 겸허하게 설득하는 데 있다. 연금 개혁에 반대하는 여론이 비등하자 고령자가 많은 지방의 소도시부터 찾아가 500여 명의 참석자와 토론회를 열었다. 마크롱은 직접 마이크를 쥐고 토론회장 한가운데 서서 저녁 7시부터 200분 동안 휴식도 없이 즉석에서 질문을 받고 대답했다.

프랑스는 사회주의 전통이 강한 나라다. 그는 특정 정파를 편든다든가 이익집단의 반대 등에 구애받지 않고 진정성을 갖고 국민과 대화했다. 전국을 순회하는 대화에서 어떤 경우에는 6시간 동안 직접 토론을 주도하며 국민을 설득하기도 했다. 마크롱은 "재정 지출을 줄이고 생산성을 높이자"며 국민의 희생과 양보를 요청했다. 개혁안에 반대하는 집단도 '마크롱이 사심 없이 국가의 체질 개선에만 집중한다'는 진정성만큼은 부인하지 않는다. 진통을 겪으면서도 개혁이 하나 둘 성과를 내는 것은 국가 최고 지도자의 진정성과 헌신적인 노력에서 가능했다. 마크롱은 '노란 조끼

시위' 수습책의 하나로 국민이 원한다면 자신이 졸업한 최고 엘리트 교육기관인 '국립행정학교ENA'를 폐지하겠다고 발표했다.

'나 중심 사회'와 '우리 사회'

지금까지 사회 지도층의 주도적 역할을 강조했다. 이는 어디까지나 지도층이 앞장서서 선도적 역할을 하는 것이 우선이라는 의미이지 모든 것을 지도층이 다하고 일반 시민은 그냥 있어도 된다는 의미가 아니다. 결국 사회를 움직이는 것은 시민이다. 시민의 참여는 결정적으로 중요하다. 시민은 학생, 기업인, 근로자, 주부, 노인, 군인 등 모두가 각자의 위치에서 규범을 지키며 맡은바 소임을 다하는 것이 '정의'를 구현하는 방법이며 신뢰와 법치의 사회문화를 만드는 데 참여하고 기여하는 길이다. 사회문화는 우리 시민이 행동방식을 바꾸는 것이므로 지도층의 문제가 아니라 우리 모두의 문제이다. 나와 사회를 위한 일이라는 것을 의식하며 하나하나 실천하는 것이 중요하다.

사회의 지식인들은 한국식 고품격 선진문화를 조성하는 저술을 이어가고 시민강좌를 열어 많은 시민들을 교육하고 참여를 촉구하면 좋을 것이다. 온라인 매체를 통한 교육과 시민강좌 등 다양한 방법을 찾을 수 있다. 저술, 강연, 사회교육 등을 통해 우리가 느끼는 문제의식을 공유하며 서로 논의하고 앞장서서 솔선수범

264

하는 것이 필요하다. 과거와 달리 디지털 플랫폼 등 다양한 교육, 캠페인 도구가 있으니 지식인들이 문제의식을 갖고 적극 나서면 길이 열릴 것이라고 확신한다. 이 시대에 지식인에게 주어진 소명으로 알고 이를 수행하면 좋겠다. 시민들은 사회문화 선진화를 위해 작은 행동이라도 하나씩 실천하며 공감하는 바를 주변에 확산하면 된다. 또 지식인들이 나서서 포럼 등을 조직해 교육에 반영할 내용, 교재 개발, 강사 확보 등에 의견을 모으고 모아진 의견을 행동에 옮길 필요가 있다. 사회에서 존경받는 지식인이 나서서 신뢰를 회복하고 법치를 바로 세우는 일, 사회문화의 중요성을 강조하고 개선을 촉구하면 고품격 사회문화가 조성되면서 국격을 높일 수 있다.

한국에는 지금 사회교육을 담당하는 평생교육기관과 지방자치단체의 교육시설이 많고 수많은 강좌가 이뤄지고 있다. 바람직한 사회문화를 교육하는 과정을 개발해 시민들에게 강의를 제공하고 준법과 신뢰 문화를 실천하는 방안을 토론할 필요가 있다. 참여하는 시민들이 공동체를 구성하도록 돕는 일도 필요하다.

미국에서 공동체 활성화에는 종교가 중요한 역할을 담당했다. 대한민국은 다른 나라에 비해 종교단체와 종교시설이 대단히 많다. 같은 종교 내 공동체 활동이 활발히 이루어진다. 여기에 사회 공동체를 위한 발전적인 역할을 더 접목하는 것이 좋겠다. 종교 커뮤니티 안에서도 서로 신뢰하고 규범을 준수하며 공동체의 이익을 우선시하는 행동 윤리를 정립하고 실천하는 노력이 필요하다. 전국에 산재해 있는 교회, 성당, 사찰에서 성직자들이 신자들과 논의하며 설득하고 우리에게 적합한 고품격 사회문화를 함께 정립해 나가면 좋을 것이다.

2015년에 로버트 퍼트넘 교수는 저서 《우리 아이들Our Kids》을 통해 교육 분야에서 가장 큰 문제로 '기회의 격차 확대'를 꼽았다. 가난한 가정과 부유한 가정의 아이에게 주어지는 기회 격차가 크게 벌어져 아메리칸 드림이 위기에 처해 있다고 진단했다. 일례로 미국의 가족 간 저녁식사 시간, 아이가 잠들기 전 책 읽어주는 시간을 통해서도 계층별로 크게 다른 경향을 보였다고 말했다. 그는 "당신의 능력보다 어떤 부모를 만났느냐가 삶에 큰 영향을 미친다"고 지적하며 이런 문제를 해결해야 한다고 강조했다.

퍼트넘 교수는 2018년 한국 방문 기간 중 한 인터뷰에서 "우리는 점점 개인주의적으로 변하고 있고, '우리'라는 개념은 아주 약해졌습니다. 지금은 '나 중심 사회I society'지만 앞으로는 '우리 사회We society'라는 개념을 회복해야 해법을 제시할 수 있을 것입니다"라고 말했다. 그는 과거에는 '우리 아이들'이 계층에 상관없이 그 마을에 사는 모든 아이를 의미했는데 이제는 '우리 아이들'은 실제 자기 자녀만을 가리키게 변했다고 얘기하면서 이런 배타적인 문화가 기회 격차의 근본적인 원인이라고 주장했다. 사회적 유대를 통한 사회적 자본, 신뢰를 제고하자는 탁월한 지적이다.

● 2018년 10월, 〈조선에듀〉가 진행한 인터뷰를 참조했다.

무엇을 어떻게 바꿔야 할까?

우리나라에 두레, 동계 같은 과거의 마을 공동체가 아닌 근대적 공동체가 언제 등장했을까?

근대적 시민의식을 갖춘 시민 계층은 언제 형성되었을까? 근대적 시민사회란 권리 의식을 갖춘 시민들이 국가 권력으로부터 개인의 자유와 권리를 지키며 자유로운 결사체를 만들어 자신들의 문제를 해결하는 사회를 의미한다. 조선말 동학농민전쟁과 갑오경장을 계기로 1894년부터 일부 지식인들의 주도로 독립협회 같은 결사체가 만들어졌지만 국가 쇠망의 위기에 직면하여 개인들이 국가를 견제하며 개인 권리와 자치권 쟁취에 매진할 수 없었다. 결국 자율권과 권리의식을 갖춘 시민 사회나 근대적인 시민이 탄생하기 어려웠고 그래서 시민의식의 형성 기회가 없었다고 분석된다. 해방 후 경제 성장 과정에서는 시민의식 등에 관심을 기울일 여유가 없었다.

빌헬름 뢰프케는 현대사회에서 산업화, 도시화의 영향으로 진정한 공동체가 해체되어 개인은 사회적 유대를 상실하고 자발적인 공동체는 기계적이고 영혼이 없는 강제적인 조직으로 변했다고 지적했다. 이러한 대중사회에서 개인 간의 신체적 거리는 가까워졌지만 정신적 거리는 더 멀어졌고, 결국 사회는 모래알 같은

● 송호근, 《시민의 탄생》(민음사, 2013), 2부 6장.

개인들이 모여 있는 곳으로 변했다고 분석했다.

시장경제 체제는 공식적인 법 제도만으로 운영되지 않는다. 우리가 지금까지 논의한 바와 같이 문화적인 뒷받침이 있어야 공식적 제도가 제대로 작동한다. '공동체'가 중요한 이유는 공동체가 진정한 시장경제 체제 유지에 필요한 신뢰, 규범의 도덕적 기초를 제공하고, 또한 구성원 간 상부상조를 통해 냉정한 자유경쟁의 폐해로부터 인간성을 보호함으로써 시장경제를 보충하는 역할을 하기 때문이다.•

현 단계에서 대한민국 사회문화에서 가장 강조되어야 하는 것이 앞서 말했듯 신뢰를 기반으로 하는 고품격 사회문화의 형성과 바로 선 법치의 확립이다. 이를 위해 필요한 것이 '시민의식'이다. 우선 시민의 유대를 강화해 사회적 신뢰를 축적하고 신뢰 문화를 정착시키려 노력해야 한다. 신뢰를 쌓을 기반인 현대적인 공동체 활동을 늘려야 한다. 국가가 주도하거나 강제해서는 안 되고 각 부문에서 시민들이 자율적으로 공동체를 구성하고 구성원에 상부상조하며 신뢰를 쌓아가는 문화가 만들어져야 한다. 문화는 구성원들이 자발적으로 참여해 만들어가는 것이다. 정부가 어떤 규범을 만들어 이를 주도하거나 강제해서 될 일은 아니다.

건전한 시민의식을 형성하기 위해서는 스포츠 활동이 적극 권장되어야 한다. 영국의 퍼블릭 스쿨 예와 같이 '스포츠맨십'은 페

● 이진순, 《경제개혁론》(비봉출판사, 1995), pp.220-223.

어 플레이와 규칙 준수, 협동정신을 훈련시킨다. 지역 단위에서 스포츠 공동체를 형성하여 활동을 늘려 나가면 효과적일 것이다. 지금도 축구, 배드민턴, 탁구 등 동호회가 많이 있는데 실제 참여하는 이들은 성인 중심이고 청소년, 아동은 많지 않다. 학교에서도 수능과 입시위주로 운영되면서 스포츠가 상대적으로 소홀히 취급되고 있다. 학교 교과과정을 바꾸는 것도 중요하고 학교 이외에 지역공동체에서 이를 적극 늘려 보완하는 것이 필요하다.

성인은 퇴근 후 직장동료, 친구, 사업 관련 상대방 등과 만나 식사하는 일이 대부분이었다. 스포츠, 예술 활동, 취미 생활, 봉사 활동 등을 위한 공동체를 만들어 이에 적극 참여하는 관행이 만들어지지 못했다. 지역 사회에 주민들이 서로 어울릴 기회가 적었다.

통상의 공동체는 혈연과 지연을 중시하는데 비해, 유대인은 유대인의 혈통을 타고 나지 않았더라도 유대의 종교와 전통을 따르겠다고 선언하면 공동체의 일원으로 받아들이고 차별 없이 대우한다. 이런 사회문화 차원에서의 개방적 포용과 수용 자세가 필요하다. 보다 체계적으로 지역 차원의 공동체 활동을 활성화해야 한다. 지식인들은 이러한 공동체에 잘 참여하지 않는 경향이 있었다. 최근 근로시간이 단축되면서 사회생활의 패턴이 급속하게 바뀌고 있다. 공동체에 적극 참여해서 솔선수범하며 서로 신뢰하고 규범을 지키며 스스로 의무를 다하는 사회문화를 만들어야 한다.

우리 사회에도 로버트 퍼트넘이 주도한 하버드대 '사와로 세미나' 같은, 상징이 될 만한 프로젝트를 제안한다. 사회 지도층이 참여해 역량을 모으고 각자 역할에 집중하면서 청소년 교육, 사회인 교육, 봉사활동 등 의미 있는 일부터 시작하며 사회에 확실한 메시지를 주는 시도가 필요하다. 우리 스스로 아이디어를 모아 모범 사례를 만들어가면 좋겠다. 우리가 지향하는 품격 있는 선진 사회 문화는 사회 지도층과 시민의 적극적인 노력이 있어야 가능할 것이라고 믿으며, 많은 이들의 참여를 기대한다.

마치며

우리 사회의 '신뢰와 법치'에 관해 이야기하면 누구나 '문제가 있다, 매우 중요하다, 뭔가 조치를 해야 한다'는 데 공감한다. 그런데 구체적으로 '누가 무엇을 어떻게 해야 하는가'라는 관점을 생각하면 다들 막연해진다. '알고는 있지만 구체적으로 어떻게 행동할까'에 대해 고민하게 되는 주제라는 의미이다.

4년 전, '한국인의 상식'을 제목으로, 신뢰와 법치를 주제로 하는 책을 내자고 제안했을 때 여러 동료들이 적극 공감하며 지지했다. 미국 독립전쟁 전에 토마스 페인이 《상식》이라는 책을 써서 미국인들에게 독립심을 고취했듯이 우리 역시 '신뢰와 법치 사회 구현' 같은 사회문화 선진화가 '한국인이 요구하는 상식'이라고 주장하는 책이 필요하다는 데에 모두 공감했다.

여러 동료들의 격려 속에 집필을 시작해 1년 전에 원고를 거의

다 완성했음에도 불구하고 이제까지 출간을 미룬 것은 '누구나 알고 있지만 구체적인 실천이 쉽지 않은 일'을 시작하는 것에 대한 부담이 컸기 때문이다. 그러나 오랜 고민 끝에 일단 펜을 들어 문제를 제기하고 행동에 나서는 것이 다른 이들의 참여와 협력을 끌어내는 지름길이라고 판단했다. 앞서 강조했듯이 지금은 사회 지도층의 용기와 행동이 필요한 시기이다. 고민만 계속하지 말고 용기 있게 실천에 옮기는 일이 필요하다고 강조하고 싶었다.

정치사회적으로 보수와 진보 진영이 갈라져 첨예하게 갈등하는 가운데, 민감한 사회 이슈를 다루는 데 있어 심적으로 부담이 컸다. 필자는 진보와 보수 어느 편을 들려는 것이 아니라 원칙에서 벗어난 행동을 지적하고 우리 사회의 핵심 가치, 민주주의와 법치를 위해 노력하자는 뜻을 강조하고자 했다. 현행 헌법에 필자가 동의하기 어려운 조항도 있지만 국민적 합의로 제정된 헌법은 존중해야 한다는 의미에서 법치의 원천으로서 '헌법에 대한 존중'을 강조했다. 이런 의미에서 소크라테스의 독배 수용 논리를 반복해 읽으며 그의 행동이 후세에 널리 교훈이 된다는 것을 절감했다.

거창한 주제를 제기하고 공동체 활동을 촉구한 것은 일단 문제를 깊이 인식한 사람이 그 주춧돌을 놓아야 한다는 생각에서였다는 이야기를 하고 싶다. 〈들어가며〉에서 언급했듯이 필자는 이 책이 《조선은 왜 무너졌는가》의 후속편이라고 생각한다. 제도학파 관점에서 조선의 흥망을 분석한 《조선은 왜 무너졌는가》를 2016

년에 출간한 뒤 공식적인 법 제도 외에 사회문화 관점에서 조선과 현대 사회를 분석하는 책을 출간하려고 많은 자료를 모으고 논리를 정리했다. 현대에 남아 있는 신뢰와 법치의 미흡 등 사회문화의 문제가 상당 부분 조선의 문화유산이라는 지적을 하고 싶었다. 그러나 두 번의 세미나에서 이런 주제를 발표하고 나서는 생각을 많이 수정했다. 많은 책임을 조선에서 찾는 것에 공감하지 않는 사람도 있다는 것을 깨닫고 그러한 비판을 수용해서 새롭게 쓴 것이 이 책이다.

필자의 문제 제기에 대하여 그러할 자격이 있는지 따지기보다는 지식인 중 한 명이 용감하게 취한 문제 제기라 생각하고 지지해달라고 부탁하고 싶다. 이 책에 담긴 세부사항에 관해 부분적으로 다른 의견을 가진 이들도 많을 것이나 필자가 큰 관점에서 제기한 사회 이슈라고 이해해주기 바란다. 많은 지식인, 사회 지도층 인사들이 동참해서 보다 진전된 의견을 제시하고 우리 사회를 선진화하는 구체적인 방안을 제안해주기를 기대한다. 아울러 '신뢰와 법치', '한국식 고품격 사회문화' 등에 관한 포럼이나 공동체 활동이 활성화되기를 기대한다.

정 병 석

대한민국은 왜 무너지는가

초판 1쇄 2021년 1월 10일
초판 2쇄 2021년 1월 25일

지은이 정병석
펴낸이 서정희
펴낸곳 매경출판㈜
책임편집 여인영
마케팅 신영병 이진희 김예인
디자인 김보현 이은설

매경출판㈜
등록 2003년 4월 24일(No. 2-3759)
주소 (04557) 서울시 중구 충무로 2 (필동1가) 매일경제 별관 2층 매경출판㈜
홈페이지 www.mkbook.co.kr
전화 02)2000-2634(기획편집) 02)2000-2636(마케팅) 02)2000-2606(구입 문의)
팩스 02)2000-2609 **이메일** publish@mk.co.kr
인쇄 · 제본 ㈜M-print 031)8071-0961
ISBN 979-11-6484-212-4(03320)

이 도서의 국립중앙도서관 출판예정도서목록(CIP)은 서지정보유통지원시스템 홈페이지(http://seoji.nl.go.kr)와
국가자료공동목록시스템(http://www.nl.go.kr/kolisnet)에서 이용하실 수 있습니다.
(CIP제어번호: CIP2020053461)